Eduard Grimm

Descartes Lehre von den angeborenen Ideen

Eduard Grimm

Descartes Lehre von den angeborenen Ideen

ISBN/EAN: 9783744682015

Hergestellt in Europa, USA, Kanada, Australien, Japan

Cover: Foto ©ninafisch / pixelio.de

Weitere Bücher finden Sie auf **www.hansebooks.com**

Descartes'

Lehre von den angeborenen Ideen.

Von

Dr. Eduard Grimm.

JENA,
Maukc's Verlag.
(HERMANN DUFFT).
1873.

Meinem Vater

Herrn Dr. Wilibald Grimm,

Grossherzogl. Sächsischem Kirchenrath
und Professor der Theologie

zu Jena

in Dankbarkeit und Liebe

gewidmet.

Vorwort.

In der Absicht die beiläufigen Bemerkungen Descartes' über das Wesen und den Ursprung der menschlichen Erkenntniss zu sammeln, wurde die vorliegende Arbeit über seine Lehre von den angeborenen Ideen unternommen. Im Laufe der Untersuchungen aber haben wir die Ueberzeugung gewonnen, dass die Lehre von den angeborenen Ideen im Systeme des Descartes nicht etwa nur eine nebensächliche Stellung einnehme, sondern dass dieselbe sogar den Mittelpunkt dieses Systems bilde, ohne welche letzteres überhaupt nicht völlig gewürdigt werden könne. Obgleich in Folge dieser Ansicht wohl auch die Stellung Descartes' zu seinen Nachfolgern eine Veränderung erleiden müsste, so haben wir es doch — einige Andeutungen ausgenommen — unterlassen, auf diesen Punkt weiter einzugehen. Zu dieser Unterlassung trieb uns die Scheu, wir möchten bei allzuhäufiger Vergleichung Descartes' mit anderen Philosophen Manches von diesen auf jenen übertragen oder gar der Abrundung wegen charakteristische Einzelheiten übergehen. Wenn es im Uebrigen gerade als eine Aufgabe der Geschichtschreibung erscheint, das Einzelne mit dem Ganzen in Verbindung zu setzen und ihm dort seine Stellung anzuweisen, so möge man die erwähnte Unterlassung damit entschuldigen, dass es uns vorläufig weniger darauf ankam, Geschichte zu schreiben, als vielmehr darauf, Material für eine solche zu sammeln.

Hamburg, Juli 1873.

E. Grimm.

Inhalt.

	Seite
I. Einleitung.	1
1. Der Zweifel	2
2. Die erste Erkenntniss	4
3. Das Kennzeichen aller Wahrheit	5
4. Disposition der angeborenen Ideen	9
II. Angeborene Ideen als formale Principien zur Erkenntniss.	
Lehre vom natürlichen Licht	11
III. Angeborene Ideen als Vorstellungen wirklicher Gegenstände	17
1. Idee des Ich	20
2. Idee Gottes	21
3. Ideen der reinen Mathematik	22
Geometrische Figuren	25
Denken und Anschauung	32
4. Reine Denkbegriffe	42
5. Zusammenstellung der angeborenen Ideen	46
IV. Angeborene Ideen und die Erkenntniss derselben	48
1. Geist, Bewusstsein, Erkenntniss	49
2. Angeborene Ideen im Verhältniss zu Bewusstsein und Erkenntniss	54
3. Veranlassung zur Erkenntniss angeborener Ideen	55
4. Vollständigkeit der Erkenntniss angeborener Ideen	57

Seite

V. **Die augeborenen Ideen und das Erkenntnissproblem** 61

 1. Die angeborenen Ideen und das Kennzeichen aller
  Wahrheit 61

 2. Idee Gottes in Vergleich mit den übrigen angeborenen Ideen 63

 3. Idee Gottes und das Kennzeichen aller Wahrheit 65

 4. Lösung des Erkenntnissproblems von der Idee
  Gottes aus 66

 5. Lösung des Erkenntnissproblems auf natürlichem
  Wege 69

I.

Einleitung.

Unter dem Worte „Idee" versteht Descartes eine jede Vorstellung, sofern dieselbe bewusst ist *), mag dieselbe nun eine Wahrnehmung oder einen Begriff oder ein Bild unsrer Phantasie zum Gegenstand haben. Unter einer angeborenen Idee versteht er eine Vorstellung, die nicht erst im Laufe der Erfahrung von aussen zu unserem Vorstellungskreise hinzugekommen noch von uns gebildet ist, sondern die schon vor aller Erfahrung auf irgend welche Weise in uns enthalten gewesen sein muss. Eine Untersuchung aber, ob es solche Ideen gebe, setzt voraus, dass die Frage nach dem Ursprunge unsrer Vorstellungen überhaupt schon Gegenstand der Nachforschung geworden ist. Erheben wir aber erst die Frage, woher unsere Vorstellungen stammen, so ist die Gewissheit unsrer Erkenntniss überhaupt schon zum Problem geworden und es versteht sich von selbst, dass je nach der Grundlage, von welcher aus die Frage nach der Gewissheit unsrer Erkenntniss untersucht wird, auch der Boden si-

---

*) Responsio ad II. Objectiones in Meditationes de pr. phil. (Amstel. 1650), Defin. p. 85: „Ideae nomine intelligo cujuslibet cogitationis formam illam, per cujus immediatam perceptionem ipsius ejusdem cogitationis conscius sum."

cherer oder unsicherer sich gestalten werde, auf welchem ein Aufbau der Lehre von den angeborenen Ideen versucht werden soll.

Descartes giebt keine abgesonderte Darstellung seiner Lehre von den angeborenen Ideen. In seinen Hauptschriften finden wir über dieselbe nur kurze und beiläufige Bemerkungen, ausführlichere allein in seinen Briefen und in den Widerlegungen der gegen die Meditationes de prima philosophia erhobenen Einwände. Aber Descartes beginnt seine Philosophie mit der Frage nach der Gewissheit unserer Erkenntniss und hat somit selbst den natürlichen Ausgangspunkt gegeben, von welchem aus eine spätere Hand die Darstellung seiner Lehre von den angeborenen Ideen zu versuchen hat. Da nun die Art und Weise, in welcher die Frage nach der Existenz und Beschaffenheit der angeborenen Ideen entschieden wird, zuletzt bedingt ist durch die Art, in welcher das Problem der Erkenntniss überhaupt gelöst wird, so haben wir vor Allem zu fragen, in welcher Weise das Problem der Erkenntniss von Descartes aufgestellt werde; in der Art der Aufstellung aber werden wir zugleich den Weg vorgezeichnet finden, auf dem allein das Problem von diesem Philosophen gelöst werden konnte und seine thatsächliche Lösung endlich wird uns den Gang eröffnen zur Darstellung seiner Lehre von den angeborenen Ideen.

1. Der Zweifel.

Descartes beginnt seine Philosophie mit einem Zweifel an der Wahrheit aller unsrer Vorstellungen. Die Gründe, welche ihn dazu bewegen, sind dreifacher Art. Vor Allem treibt ihn dazu die allgemeine Unsicherheit der Vorstellungen überhaupt, die wir aus sinnlichen Eindrücken geschöpft haben. Denn gar häufig werden wir durch die Sinne getäuscht und da es, um zur Wahrheit zu gelangen, am gerathensten erscheint, dem überhaupt nicht zu vertrauen, der uns auch nur einmal getäuscht hat, so werden wir an Allem zu zweifeln haben, was uns je durch die Sinne zugeführt worden ist. Dieser Zweifel aber ist auch auf diejenigen der sinnlichen Wahrnehmungen auszudehnen, welche uns gewöhnlich als die sichersten dünken; z. B. die, welche sich auf unseren eigenen Körper beziehen; denn auch im Traume meinen wir oft dieselben Wahrnehmungen zu machen, und vorläufig besitzen wir kein einziges Kennzeichen, um zu unterscheiden, ob wir in diesem selben Augenblick träumen oder wachen. Es ist also ferner die **Unsicherheit unseres persönlichen Zustandes**, durch welche jener allgemeine Zweifel gerechtfertigt wird. Ja selbst diejenigen Vorstellungen, welche unabhängig von unsrem persönlichen Zustande immer ihre Geltung bewahren, wie z. B. die Natur der Körper überhaupt, ihre Ausdehnung, Gestalt und Grösse oder der Satz, dass $2 + 3 = 5$ ist, müssen als ungewiss erscheinen, wenn wir bedenken, dass **möglicherweise Gott oder ein mächtiges Wesen uns täusche**, auch in dem, was uns als das Gewisseste erscheint.

So stützt sich dieser Zweifel anfangs allerdings auf Thatsachen der Erfahrung; bei Erwähnung unsres persönlichen Zustandes macht er sogar Miene, auf Grund dieser Erfahrung, unser Erkenntnissvermögen überhaupt in Frage zu stellen; zuletzt aber artet er aus in einen Akt menschlicher Willkür, die sich nicht scheut, auch die natürlichsten Wahrheiten durch die Annahme einer übernatürlichen Täuschung zu erschüttern. Er endigt daher durchaus nicht mit einem Schluss auf das Unvermögen des Menschen, überhaupt zu erkennen; ja nicht einmal die Schwäche unsres Erkenntnissvermögens wird durch ihn hinreichend erwiesen; sondern er fordert nur um so dringender auf, eine Erkenntniss zu suchen, die durch sich selbst so gewiss ist, dass ihr gegenüber jede Willkür menschlichen Zweifelns gänzlich verstummt.

2. Die erste Erkenntniss.

Auf welchem Wege aber finden wir eine solche Erkenntniss? Die Erfahrung lehrte uns zweifeln, indem sie zuletzt noch zeigte, wie unsre Willkür auch gegen die sicherste Erkenntniss noch die Möglichkeit eines Irrthums geltend zu machen wusste; somit kann auch Erfahrung allein uns lehren, welche Erkenntniss selbst über diese unsre Willkür völlig erhaben sei, d. h. wir probiren, welche unter den in uns befindlichen Vorstellungen diesen höchsten Ansprüchen genüge.

Diese Erkenntniss enthält der bekannte Satz: Ego cogito ergo sum. Wir probiren, ob dieser Satz wahr sei, und die Probe bestätigt seine Wahrheit; denn schon daraus, dass ich zweifle, folgt, dass ich überhaupt existire. Ja gesetzt auch, ein höheres Wesen täusche mich in Allem, was mir als das Gewisseste erscheint, so muss ich doch, der ich getäuscht werde, existiren.

Diese so gewonnene Erkenntniss soll die erste sein; ist sie als die erste auch voraussetzungslos? Auf der einen Seite behauptet Descartes, dieser Satz sei ursprünglich, denn er dränge sich unsrem Geiste auf ohne allgemeinen Obersatz und ohne logische Ableitung; auf der andern aber gesteht er zu: um zu dieser ersten und gewissesten aller Erkenntnisse zu gelangen, müsse man wissen, was Denken, Dasein, Gewissheit sei, ebenso dass es unmöglich sei, dass das, was denkt, nicht existire und Aehnliches *). Aber jener erste Satz unterscheidet sich von diesen ihm vorausgehenden dadurch, dass er die Erkenntniss eines wirklich existirenden Gegenstandes enthält, während diese eine solche nicht zu gewähren vermögen. Dieser erste Satz ist daher nicht voraussetzungslos als Erkenntniss überhaupt, wohl aber als die Erkenntniss

---
*) Principia philosophiae (Amstel. 1685), I, 10.

eines wirklichen Gegenstandes. Der Gedanke, der Descartes hier vorschwebt, ist im Wesentlichen folgender: Jene erste Erkenntniss setzt voraus, dass ich die in derselben enthaltenen Begriffe richtig zu analysiren vermag; aus der richtigen Analysis der Begriffe aber lässt sich nie die Verknüpfung derselben zu einem synthetischen Urtheil folgern. Diese Verknüpfung ist daher als solche ursprünglich und darf von Descartes mit Recht die erste Erkenntniss genannt werden. Schon daraus ersieht man, dass bei aller Erkenntniss es sich für Descartes vor Allem um die Erkenntniss eines wirklich existirenden Gegenstandes handelt. — Welches aber ist der Inhalt jener ersten Erkenntniss? Fassen wir den eben gewonnenen Begriff des Denkens in dem weiten Sinne, in welchem er hier von Descartes verstanden wird, so umfasst derselbe jeden Vorgang in unsrem Geiste, sofern er mit Bewusstsein vor sich geht*). Das Denken in diesem Sinne, oder, wie wir auch sagen könnten, das Bewusstsein schliesst daher sowohl das Vermögen zu erkennen und zu wollen, als auch das anzuschauen (imaginari) und wahrzunehmen in sich. Denn wenn auch der Gegenstand, den ich wahrzunehmen glaube, nicht existiren sollte, so pflegt doch die Thätigkeit des Wahrnehmens in mir vorzugehen; d. h. es giebt einen Zustand meines Bewusstseins, in welchem ich wahrzunehmen meine; die aber in diesem Meinen liegende Denkthätigkeit kann von unsrem Geiste nicht abgetrennt werden.

3. Das Kennzeichen aller Wahrheit.

So bietet die erste Erkenntniss „ich denke, also bin ich" allerdings einen mannigfachen Inhalt dar, indem sie

---

*) Princ. phil. I, 9: „Cogitationis nomine intelligo illa omnia, quae nobis consciis in nobis fiunt, quatenus eorum in nobis conscientia est: atque ita non modo intelligere, velle, imaginari, sed etiam sentire idem est hic quod cogitare."

die einzelnen Fähigkeiten meines Denkens enthält, aber der Gegenstand dieser Erkenntniss bleibt immer nur der Eine, nämlich das eigene Ich. Für eine Erkenntniss anderer Gegenstände, unabhängig von mir, ist dieselbe nur insofern wichtig, als wir aus ihr die Regel ableiten können, nach welcher die Wahrheit einer Vorstellung überhaupt nachgewiesen werden kann. Ich bin mir des Satzes gewiss: ich denke, also bin ich. Diese Gewissheit aber besteht zuletzt nur darin, dass ich diesen Satz klar und deutlich einsehe. Descartes schliesst daher, dass Alles wahr sei, was wir klar und deutlich einsehen. Eine klare Einsicht nennt er aber eine solche, die gegenwärtig und offen vor dem aufmerkenden Geiste liegt, eine deutliche aber diejenige, welche vermöge ihrer Klarheit von allem Anderen vollständig unterschieden ist, so dass sie nur Klares in sich enthält*). Dieser Satz, dass das klar und deutlich Erkannte wahr sei, enthält die Regel, nach welcher geurtheilt werden kann, ob eine Vorstellung wahr oder falsch sei. Diese Regel aber, wenn sie gleich aus einer Erkenntniss abgeleitet wird, welche durch ihre unmittelbare Gewissheit jeden willkürlichen Zweifel ausschliesst, ist doch eben als eine abgeleitete diesen Zweifeln wieder ausgesetzt. Fügen wir daher hinzu, wie Descartes diese Erkenntnissregel gegen jene Willkür schützt.

Der letzte Zweifelsgrund hatte sich auf die Möglichkeit gestützt, ein mächtiges Wesen täusche uns, auch in dem, was uns als das Sicherste erscheine. Dagegen beweist Descartes das Dasein Gottes, in dem alle Vollkommenheit vereinigt ist. Dieser Gott wird für die Lösung

---

*) Princ. phil. I, 45: „Claram voco illam (sc. perceptionem), quae menti attendenti praesens et aperta est; sicut ea clare a nobis videri dicimus, quae oculo intuenti praesentia satis fortiter et aperte illum movent. Distinctam autem illam, quae, cum clara sit, ab omnibus aliis ita sejuncta est et praecisa, ut nihil plane aliud, quam quod clarum est, in se contineat."

des Erkenntnissproblems wichtig seiner Wahrhaftigkeit und seiner Allmacht wegen. Denn ein allmächtiger Gott vermag auch alle Dinge so herzustellen, wie wir dieselben klar und deutlich eingesehen haben; der wahrhaftige Gott aber hat uns sicherlich ein Urtheilsvermögen gegeben, bei dessen rechtem Gebrauch wir nicht irren können. In der That besitzen wir die Fähigkeit, klar und deutlich einzusehen; halten wir daher nur das für wahr, was wir klar und deutlich eingesehen haben, so wird jeder Irrthum unmöglich sein. Wenn wir aber wirklich noch irren, so geschieht dies, weil wir Dinge für wahr halten, die wir nicht klar und deutlich eingesehen haben. Aller Irrthum beruht daher lediglich auf der durch unsren freien Willen hervorgerufenen falschen Anwendung des uns von Gott verliehenen Erkenntnissvermögens [*]).

Nun war es aber unser freier Wille, der nicht nur Dinge für wahr annahm, die nicht klar und deutlich eingesehen waren, sondern der auch — wie wir im Anfang sahen — gegen, wie es schien, völlig sichere Thatsachen immer wieder die Möglichkeit eines Irrthums behauptete. Es würde daher noch darauf ankommen, das, was wir klar und deutlich eingesehen und somit als wahr erkannt haben, gegen diese unsre Willkür zu schützen. In der That findet sich bei Descartes eine hierauf anwendbare, psychologische Erörterung.

Denn Descartes ist weit davon entfernt, die Freiheit des Willens in jener Willkür zu suchen, vermöge deren wir ganz nach Belieben irgend einer Erkenntniss unsre Zustimmung schenken oder versagen können. Für Descartes besteht vielmehr die Freiheit des Willens nur in einer Unabhängigkeit von aussen; eine innere Bestimmtheit unsres Willens ist dagegen bei dieser Art von Freiheit nicht nur nicht ausgeschlossen, sondern dieselbe bezeichnet sogar, je stärker sie ist, einen um so

---

[*]) Medit. de prima phil. Amstel. 1650. 4. Abschnitt.

höheren Grad derselben *). Unter diesem Gesichtspunkte aber gewinnt auch die Lösung der Frage, welche Vorstellung gewiss sei, eine andere Färbung. Bei jeder Erkenntniss wirken zusammen Verstand und Wille: der Verstand, sofern er klar und deutlich einsicht, der Wille, sofern er dem so Eingesehenen zustimmt. Je grösser nun das Licht ist, das in dem Verstand sich verbreitet, um so grösser wird auch die Neigung des Willens sein, das durch den Verstand Eingesehene als wahr anzuerkennen, so dass also dem Grade der Verstandeseinsicht immer ein entsprechender Grad der Willensneigung folgen würde. Als niedrigster Grad der Freiheit und auch der Gewissheit einer Vorstellung würde daher jene Gleichgültigkeit gelten, bei welcher ich nicht weiss, ob ich mich nach dieser oder jener Seite wenden soll; den höchsten Grad der Freiheit aber und der Gewissheit werde ich dann erreicht haben, wenn die Geneigtheit meines Innern jede Willkür von meiner Seite verstummen lässt **). So construirt sich Descartes selbst die Grundlage, auf welche seine Beobachtung einer durch sich selbst sich aufdrängenden Erkenntniss sich stützen kann; und, mag man auch immer in seiner Lehre von der menschlichen Freiheit Widersprüche finden, so ist es doch sehr anerkennenswerth, dass er für die so oft herbeigezogene und doch so selten nur einer Erklärung gewürdigte „unmittelbare Erkenntniss" eine psychologische Begründung wenigstens versucht hat. Im Uebrigen will Descartes durchaus nicht sagen, das nach dieser psychologischen Begründung einer unmittelbaren Gewissheit die Menschen in Wirklichkeit aufhören würden, überhaupt noch gegen so gewisse Erkenntnisse Zweifel zu erheben, aber er stellt diese Willkür des Zweifels, bei welcher das Licht des Verstandes zu gering ist, um eine Neigung im Willen hervorzurufen, als die

---

*) Medit. 4. Abschn. S. 28.
**) Ausführlich Medit. IV. Kurz zusammengestellt Princ. ph. I, 43.

niedrigste Stufe aller Erkenntniss hin, und weist einem Jeden auf dieser niedrigsten Stufe seine Stellung an, welcher sich dieser willkürlichen Zweifel bedient.

Ist aber für Descartes einmal der Grundsatz, Alles sei wahr, was wir klar und deutlich einsehen, gegen die Behauptung, ein mächtiges Wesen täusche uns, durch den Beweis vom Dasein Gottes, gegen jede ähnliche willkürliche Behauptung durch die psychologische Begründung aller Gewissheit geschützt, so wird es für ihn auch ein Leichtes sein, die beiden andern im Anfang aufgestellten Zweifelsgründe zu beseitigen.

Die Unsicherheit in den Vorstellungen selbst hört auf, sobald wir bei jeder neuen Vorstellung mit dem Verstande prüfen, ob nicht ein Irrthum sich eingeschlichen habe, sobald wir nur das für wahr halten, was wir klar und deutlich eingesehen haben und sobald wir endlich das so Erkannte vermittelst des Gedächtnisses mit dem früher ebenso Erkannten in Verbindung setzen. Sind wir aber überhaupt im Stande, diese Thätigkeit des Verstandes in der Prüfung unserer Vorstellungen zu entfalten, so haben wir in dieser Thätigkeit selbst den stärksten Beweis dafür, dass wir nicht träumen, sondern wachen*).

4. Disposition der angeborenen Ideen.

Nachdem wir das Erkenntnissproblem des Descartes und seine Lösung kennen gelernt, öffnen sich uns von selbst die Felder, auf denen wir die angeborenen Ideen zu suchen haben. Der Wendepunkt der cartesianischen Erkenntniss liegt in dem Satze „ich denke, also bin ich." Von diesem Punkte aus lässt sich der Blick sowohl nach rückwärts wie nach vorwärts richten. Denn wir fragen: Geht diesem Satz Etwas voraus? Lässt sich aus ihm Etwas folgern?

---

*) Medit VI. am Ende.

Soll diesem Satze in unserer Erkenntniss eine Vorstellung vorausgehen, so kann dieselbe doch nichts weniger als einen wirklichen Gegenstand bezeichnen, denn alle gegenständliche Erkenntniss beginnt erst mit jenem Satze; dagegen würde ein solcher Gegenstand in denjenigen Vorstellungen zu finden sein, die aus jenem Satze oder besser vermittelst des von ihm abgenommenen Kennzeichens aller Gewissheit als wahr nachgewiesen würden. Der Werth dieser Vorstellungen für unsere Erkenntniss ist klar; denn sie bereichern dieselbe; der Werth jener dagegen ist fraglich; denn da sie selbst unsere Erkenntniss nicht zu bereichern vermögen, so könnten sie höchstens als formale Hilfsmittel dienen, durch welche wir unseren Vorrath an gegenständlichen Erkenntnissen zu bereichern in Stand gesetzt würden. Wir werden daher von vornherein ein doppeltes Feld für die angeborenen Ideen des Descartes offen halten müssen. Denn

1) könnte es solche angeborene Ideen geben, welche, ohne selbst einen wirklichen Gegenstand zu bezeichnen, doch zur Erkenntniss solcher Gegenstände gewisse formale Hilfsmittel darbieten;

2) könnten sich unter den Vorstellungen, von welchen späterhin nachgewiesen wird, dass der durch sie dargestellte Gegenstand wirklich existire, sei es nun in uns oder ausser uns, sich einige finden, die doch nicht von aussen zu unsrem Vorstellungskreise hinzugekommen, noch von uns gebildet sein können, sondern die schon vor aller Erfahrung in uns enthalten gewesen sein müssen.

II.
Angeborene Ideen als formale Principien zur Erkenntniss.

Lehre vom natürlichen Licht.

Die erste Frage des Descartes lautete im Wesentlichen: Giebt es eine sichere, gegenständliche Erkenntniss? Eine solche bot sich in dem Satze: „ich denke, also bin ich". Dieser Satz war nur darum so gewiss, weil wir ihn klar und deutlich einsahen. Bietet sich, so müssen wir jetzt fragen, vielleicht noch einiges Andere dar, welches ohne einen wirklichen Gegenstand zu enthalten und ohne desshalb von jener ersten gegenständlichen Erkenntniss abhängig zu sein, doch von uns so klar und deutlich eingesehen wird, dass an dessen Wahrheit nicht gezweifelt werden kann?

In der That setzt Descartes solche Wahrheiten voraus, und zwar als so selbstverständlich, dass er es kaum für nöthig hält, auf dieselben näher einzugehen. Schon oben, als wir von den Erkenntnissen sprachen, welche dem Satze „ich denke, also bin ich" vorausgehen, bemerkten wir, wie Descartes ausser der klaren Einsicht der in jenem Satze enthaltenen Begriffe die Kenntniss voraussetzte, dass das, was denkt, nothwendig existiren müsse. Auf ähnliche Weise setzt Descartes auch noch andere Erkenntnisse voraus. Denn während er überall, wo es auf eine Ableitung aus gewissen Voraussetzungen ankommt, vorsichtig Schritt für Schritt vorwärts geht, um auch den geringsten Sprung in seiner Entwickelung zu vermeiden, führt er doch stets ohne alle Vorbereitung eine Erkenntnissquelle ein, die ihm um so weniger einer Erklärung zu bedürfen scheint, je sicherer die aus derselben hergeleiteten Wahrheiten durch sich selber sind. Diese Quelle nennt er das natürliche Licht. Aus demselben leitet er ausser dem obigen namentlich folgende Sätze ab: In der wirkenden Ursache muss ebensoviel Realität enthalten sein als in der Wirkung dieser Ursache; aus Nichts kann Nichts werden; es ist unmöglich, dass dasselbe zugleich ist und nicht ist; das Geschehene kann nicht ungeschehen werden; und um anzudeuten, dass damit die Reihe dieser Sätze noch nicht abgeschlossen sei, fügt er bei ihrer Aufzählung stets hinzu: „und Aehnliches."

Da Descartes keine besondere Erklärung seines natürlichen Lichts giebt, so wird für uns die Eigenthümlichkeit desselben nur durch die aus demselben hergeleiteten Wahrheiten ersichtlich*). Diese Wahrheiten gelten ihm als unmittelbar gewiss. Diese unmittelbare Gewissheit aber darf nicht mit jenem Naturtriebe verwechselt werden, der wohl einen der tieferen Erkenntniss ermangelnden Menschen zu leiten pflegt, indem er ihm vorspiegelt, unsre Vorstellungen seien von diesen ähnlichen, ausser uns befindlichen Dingen hergenommen oder der die Menschen zum Bösen treibt**), sondern dieselbe stützt sich vielmehr auf die klare und deutliche Einsicht dieser Sätze, eine Einsicht, die durch ihre Grösse unsern Willen derart beherrscht, dass wir diesen Sätzen zustimmen, sobald sie uns überhaupt zum Bewusstsein kommen. Es findet sonach hier die in der Einleitung gegebene psychologische Begründung aller Gewissheit ihre volle Anwendung.

---

*) Descartes bedurfte keiner solchen Erklärung, da das natürliche Licht ein alter herkömmlicher Begriff der Scholastik war. Die Frage, in welchem Sinne diese Erkenntnissquelle vor Descartes aufgefasst worden sei, bedarf hier keiner Erörterung. Denn bei der Unabhängigkeit von aller scholastischen Philosophie, welche das System des Descartes auszeichnet, müssen wir eine Beantwortung der Frage, was Descartes unter dem natürlichen Licht verstanden, nicht aus der Scholastik, sondern nur aus Descartes selbst zu gewinnen suchen. Wir hoffen im Folgenden eine solche Antwort gegeben zu haben.

**) Medit. III, S. 17.

Da aber die aus dem natürlichen Licht abgeleiteten Sätze jederzeit unmittelbar gewiss sind, so dürfen wir dieses natürliche Licht nicht bezeichnen als das Vermögen, überhaupt klar und deutlich zu erkennen, sondern als das, ohne Voraussetzungen klar und deutlich zu erkennen *).

Hieraus erklären sich die Ausdrücke, mit denen Descartes die obigen Sätze bezeichnet. Da dieselben durch sich selbst gewiss sind und daher jederzeit dem denkenden Geiste sich als wahr erweisen, so nennt er sie Axiome oder ewige Wahrheiten. Sollten sie wirklich einmal von einigen Menschen bezweifelt werden, so geschieht dies doch nur, weil sie gewissen vorgefassten Meinungen derselben zuwiderlaufen. Da aber alle denkenden Menschen, die doch jene Vorurtheile abgelegt haben müssen, sich ihrer bedienen, so erscheint für sie auch der Ausdruck berechtigt: notiones communes oder Gemeinbegriffe **).

Nach dem Bisherigen scheinen die Wahrheiten des natürlichen Lichts in den obigen Sätzen aufzugehen. Dieses Verhältniss ändert sich etwas, sobald wir jene Sätze mit unsren übrigen Erkenntnissen in Vergleich ziehen. Descartes macht einen deutlichen Unterschied zwischen solchen Erkenntnissen, die sich auf einen wirklichen Gegenstand beziehen und solchen, denen diese Beziehung fehlt. Zu den Letzteren gehören die obigen Sätze. Ihr Werth für die allgemeine Erkenntniss kann daher nur darin bestehen, dass sie uns als Regel dienen, um von einer gegenständlichen Erkenntniss ausgehend andere derartige Erkenntnisse aufzusuchen. Wir könnten

---

*) Hiernach könnte eine Definition des natürlichen Lichts allenfalls aus folgender Stelle entnommen werden, Epistolae, Amstel. 1658, P. II, 52: Pro certo habeas, nihil esse in Metaphysica mea, quod non credam esse vel lumine naturali notissimum vel accurate demonstratum.

**) Princ. ph. I, 49.

diese Sätze daher Principien nennen, aber auch diese Bezeichnung wird von Descartes in doppeltem Sinne verstanden. „Denn es ist ein Unterschied, ob ich irgend einen Gemeinbegriff suche, der so klar und allgemein ist, dass er als Princip dienen kann, um die Existenz aller Dinge zu beweisen, die nachher bekannt werden, oder ob ich irgend ein Ding suche, dessen Existenz uns bekannter ist als die irgendwelcher anderer Dinge, so dass dasselbe als Princip dienen kann, um diese letzteren zu erkennen. Als Princip im ersten Sinne kann z. B. der Satz gelten: Es ist unmöglich, dass Etwas zugleich sei und nicht sei. Dieser Satz kann wohl angewandt werden, aber nicht, um die Existenz irgend eines Dinges nachzusuchen, sondern allein, um die Existenz eines Dinges durch einen Schluss etwa folgender Art zu befestigen: Es ist unmöglich, dass Etwas, was ist, nicht ist. Nun erkenne ich, dass Etwas ist. Folglich ist es unmöglich, dass Dieses nicht ist. Dies hilft uns sicherlich wenig und macht uns um Nichts gelehrter. Im zweiten Sinne gilt als vornehmstes Princip, dass unsre Seele existire, denn Nichts giebt es, dessen Existenz uns bekannter wäre" *).

Wollten wir dem Sprachgebrauch Descartes' zu Hilfe kommen, so könnten wir ein Princip im ersten Sinne ein **formales**, eines im zweiten Sinne ein **materiales** Princip nennen. Es soll hier nicht weiter darauf eingegangen werden, wie weit sich jene Geringschätzung der formalen Principien mit ihrer sonstigen Anwendung bei Descartes verträgt, da er ja gerade seinen Hauptbeweis vom Dasein Gottes auf jenen Grundsatz stützt, in der wirkenden Ursache müsse ebensoviel Realität enthalten sein, wie in der Wirkung dieser Ursache. Jedenfalls aber bezeichnet diese Geringschätzung eine Eigenthümlichkeit des Descartes, dem es überall nur um eine gegenständliche Erkenntniss zu thun ist, und es mag hier der Um-

---

*) Epist. P. 1, 118.

tand seine Erklärung finden, dass Descartes in seinen Schriften jene formalen Principien wie überhaupt das natürliche Licht so plötzlich und ohne alle Vorbereitung einführt; denn der Philosoph, der die Frage zu lösen sucht „giebt es überhaupt einen Gegenstand?" mag sich nicht mit Erklärung jener Grundsätze aufhalten, die ihm an sich einen solchen Gegenstand doch nicht darzubieten vermögen. — Aber diese doppelte Art der Erkenntnissprincipien ist für den Begriff des natürlichen Lichts wichtig. Denn der Satz, den Descartes als Princip im weiten Sinne aufführt, „ich existire", gilt ihm als ebenso unmittelbar gewiss, als jene formalen Principien, und es lässt sich nicht behaupten, dass Descartes diese Erkenntniss nicht aus dem natürlichen Licht abgeleitet habe; an einer Stelle leitet er sie sogar offen daraus ab*). Da sonach das natürliche Licht als das Vermögen, ohne Voraussetzungen klar und deutlich zu erkennen, sowohl formale, wie materiale Principien darbietet, so werden wir die Wahrheiten dieses natürlichen Lichts als die allgemeine Gattung, jene formalen Principien aber als eine Art dieser Gattung hinzustellen haben, und nur soweit diese Letzteren in's Spiel kommen, haben wir es hier mit dem natürlichen Lichte zu thun.

Dass wir diese Principien „Ideen" genannt haben, während ja dieselben im Grunde keinen einzelnen Begriff, sondern jederzeit eine Verbindung gewisser Begriffe zu einem Urtheile enthalten, mag durch den ungenauen Sprachgebrauch Descartes' gerechtfertigt werden, indem er jene Grundsätze auch schlechthin als Gemeinbegriffe bezeichnet.

Dass diese Ideen zu den angeborenen gehören, ist für ihn selbstverständlich. Denn dieselben sind uns un-

---

*) Medit. P. III, S. 17: Quaecunque lumine naturali mihi ostenduntur, (ut quod ex eo, quod dubitem, sequatur me esse et similia) nullo modo dubia esse possunt etc.

mittelbar gewiss und erscheinen sonach unabhängig sowohl von aller äusseren Erfahrung wie von unserer eignen Willkür, mit der wir beliebig Vorstellungen zu bilden vermögen. In dieser Unabhängigkeit liegt ihr Vorzug, aber auch ein gewisser Mangel. Denn wenn ihre Wahrheit unabhängig von allen anderen Vorstellungen ist, so fehlt auch jedes Mittel ihre Reihe vollständig herzustellen. Ist ein jeder dieser Sätze durch sich selbst gewiss, so kann derselbe nicht zugleich von einem höheren Satze abhängig sein, so dass er aus ihm abgeleitet werden könnte *). Ja selbst die Erfahrung, in der diese Grundsätze doch jederzeit angewandt werden, gilt dem Descartes noch als viel zu unsicher, als dass dieselbe als Mittel angesehen werden könnte, um wenigstens mit relativer Sicherheit die Vollständigkeit ihrer Reihe zu erweisen. Dieselben sind zwar in Bezug auf ihre Gewissheit vor jeder Zufälligkeit der Erfahrung geschützt; aber sie sind abhängig von der Zufälligkeit ihres Bewusstwerdens; denn in der That muss es immer als ein glücklicher Zufall gelten, wenn einmal ein so unmittelbar gewisser Satz in unser Bewusstsein eintritt. Wir mögen uns daher noch so vieler derartiger Sätze bewusst sein, so ist doch immer noch die Möglichkeit vorhanden, dass es noch andere, uns unbewusst gebliebene, geben möge. Daher nennt sie Descartes unzählig und erklärt offen, es sei unmöglich, sie alle zu verzeichnen; dennoch aber dürften sie nicht unbekannt bleiben, wenigstens dann nicht, wenn die Gelegenheit komme, an sie zu denken **).

Diese Unsicherheit in Bezug auf die Vollständigkeit dieser Reihe angeborener Ideen mag es erklären, dass Descartes diese Sätze in sehr mannigfaltiger Form ausdrückt. Wir haben oben nicht alle die formalen Principien aufgeführt, welche Descartes aus dem natürlichen

---

*) Epist. P. I, 118.
**) Princ. ph. I. 49.

Licht ableitet; die, welche wir nicht erwähnt, sind aber im Grunde Nichts weiter, als eine Anwendung der uns bekannten Grundsätze auf einen besonderen Fall. Diese Unsicherheit aber dehnt sich auf alle Wahrheiten des natürlichen Lichts überhaupt aus. Wir verweisen nur auf die Sätze, welche Descartes in der geometrischen Darstellung seiner Hauptresultate als Axiome oder Gemeinbegriffe aufführt *). Sonst pflegt er wohl auch herkömmliche Ansichten seiner Zeit aus dem natürlichen Licht abzuleiten, z. B. dass die Erhaltung der Welt durch Gott nur unsrem Denken nach von der Erschaffung derselben verschieden sei **); oder dass aller Betrug, wie überhaupt alles Schlechte von einem gewissen Mangel herrühre ***). Ja einmal entnimmt er dem natürlichen Licht sogar ein regulatives Princip für unsere Erkenntniss überhaupt, wenn er sagt: „Das natürliche Licht gebietet uns, nur über Dinge zu urtheilen, die wir klar und deutlich erkannt haben" ****).

III.
Angeborene Ideen als Vorstellungen wirklicher Gegenstände.

Die Untersuchungen des Descartes beginnen mit der Frage nach einer gegenständlichen Erkenntniss. Die angeborenen Ideen, soweit sie formale Principien zur Erkenntniss waren, boten eine solche nicht. Daher bilden dieselben zuletzt nur die Voraussetzungen zu dem System des Descartes; in diesem System selbst aber giebt es keine

---

*) Resp. ad II. Obj. S. 88.
**) Medit. III. S. 23.
***) Medit. III. S. 24.
****) Princ. ph. I. 44.

besondere Stelle für sie. Wir werden daher auch, wenn Descartes die angeborenen Ideen aufzählt, dieselben kaum erwähnt finden.

Anders würde es mit solchen angeborenen Ideen sein, welche etwa von der ersten gegenständlichen Erkenntniss aus als angeboren nachgewiesen würden. Diese Ideen würden einen wirklich existirenden Gegenstand bezeichnen; ihre Erkenntniss würde also eine gegenständliche sein. Mit der Frage, ob es solche Ideen gebe, treten wir daher in den Gang der eigentlichen Untersuchungen Descartes' ein. Da diese Ideen aber als angeborene weit über alle übrigen emporragen würden, so würde ihnen auch einer der vornehmsten Plätze in dem System des Descartes gebühren. In der That weist Descartes eine grosse Anzahl solcher angeborenen Ideen nach, und diese sind es, welche er namentlich immer als angeborene hervorhebt, so dass wir, wenn überhaupt in diesem System von angeborenen Ideen die Rede ist, an diese Art angeborener Ideen zu denken haben.

Jene Principien konnten nicht weiter abgeleitet werden, denn sie waren unmittelbar gewiss; die Ideen dieser zweiten Art scheinen wenigstens abgeleitet zu sein; denn sie werden erst im Laufe der Untersuchung gewonnen. Wir werden daher bei Letzteren auch die Kennzeichen, an denen sie als angeborene erkannt werden, genauer aufzustellen haben.

Unser Denken vermag allein zu entscheiden, ob eine Vorstellung wahr oder falsch sei. Dieselbe ist wahr, sobald wir sie klar und deutlich einsehen. Soll aber eine Vorstellung angeboren sein, so muss sie nicht bloss an und für sich klar und deutlich erkannt werden, sondern es muss auch klar und deutlich erkannt werden, dass dieselbe nicht erst im Laufe der Erfahrung zu unserem Vorstellungskreise neu hinzugekommen ist, sondern dass sie schon vorher in uns enthalten gewesen sein muss. Eine Idee aber, die erst zu unserem Vorstellungskreise hinzugekommen ist, kann entweder der äusseren Erfahrung entnommen sein, z. B. die Vorstellung von der Sonne, wie wir dieselbe ohne wissenschaftliche Kenntnisse der sinnlichen Wahrnehmung entnehmen, oder sie kann von uns selbst erst gebildet sein, sei es durch unser Denken auf Grund äusserer Erfahrung, wie z. B. die Vorstellung von der Sonne, wie sie ein Astronom besitzen würde *), sei es durch beliebiges Schaffen unsrer Phantasie, wie z. B. die Vorstellung eines geflügelten Pferdes **). Wir können daher folgende zwei Kennzeichen für die angeborenen Ideen aufstellen:

1) Dieselben sind nicht der sinnlichen Wahrnehmung entnommen;
2) dieselben sind nicht von uns gebildet.

Woran erkennen wir aber, dass gewisse Ideen diesen beiden Bedingungen entsprechen? Die Vorstellungen, welche der sinnlichen Wahrnehmung entnommen, oder doch auf Grund derselben von uns gebildet sind, bleiben immer abhängig von unsren Sinnen und unterliegen der Unsicherheit, welche alle durch die Sinne uns zugeführten Dinge kennzeichnet; die übrigen aber von uns willkürlich gebildeten können auch jederzeit von uns wieder in die ursprünglichen Theile aus einander genommen werden, aus denen wir sie gebildet haben. Daher gilt für Descartes als Kennzeichen der angeborenen Ideen stets deren „wahre, ewige und unveränderliche Natur".

Wird diese Natur an irgend einer Idee klar und deutlich erkannt, so ist diese Idee wahr und angeboren; d. h. der durch sie dargestellte Gegenstand existirt und die Vorstellung dieses Gegenstandes ist von Natur unsrem Geiste eingegeben. Wo dieser Gegenstand existire, ist für die Geltung der ihn enthaltenden Vorstellung gleichgiltig; er könnte also höchstens zur näheren Be-

---
*) Epist. P. II, 54.
**) Resp. ad I. Obj. S. 61.

zeichnung dieser Ideen von Nutzen sein. Es könnte Vorstellungen geben, deren Gegenstand so beschaffen wäre, dass derselbe nur ausser uns liegen könnte; es könnte aber auch solche geben, welche auch nicht durch das geringste Zeichen andeuten, dass der durch sie bezeichnete Gegenstand ausser uns existiren müsse; von diesen letzteren müssten wir wenigstens behaupten, ihr Gegenstand existire in uns, d. h. in der in unserm Denken enthaltenen Idee. Wollte man daher die angeborenen Ideen, so weit sie wirkliche Gegenstände enthalten, noch weiter eintheilen, so könnte man, ohne dass dadurch der einen mehr Geltung als der andern zugesprochen werden soll, folgende Theile unterscheiden, nämlich solche, deren Gegenstand in uns, und solche, deren Gegenstand ausser uns existirt.

Doch erscheint es im Hinblick auf das Verhältniss dieser angeborenen Ideen zu dem Erkenntnissproblem des Descartes gerathener, diese Eintheilung vorläufig bei Seite zu lassen und einfach dem Gange zu folgen, auf dem Descartes selbst zu seinen angeborenen Ideen gelangt.

1. Idee des Ich.

Die erste Erkenntniss, welche uns von einem wirklichen Gegenstande Kunde giebt, liegt in dem Satze „ich denke, also bin ich". Der Gegenstand, dessen Existenz in diesem Satze erkannt wird, ist das eigene Ich. Dieser Satz ist durch sich selbst gewiss und daher über jede Unsicherheit der Erfahrung wie über jede Willkür von meiner Seite völlig erhaben. Daher ist die Vorstellung des Ich als die erste angeborene Idee zu bezeichnen. Dieses Ich ist eine denkende Substanz. Das Denken ist das Attribut dieser Substanz. Beide, Denken und Substanz, sind nur beziehungsweise (ratione) unterschieden, d. h. wir können keine klare und deutliche Vorstellung dieser Substanz gewinnen, wenn wir dies Attribut von derselben ausschliessen*). Desshalb ist mit dem Begriff des Ich auch stets der des Denkens gegeben; daher ist mit der Idee des Ich auch die Idee des Denkens angeboren.

2. Idee Gottes.

Jener erste gewisse Satz lässt nur das eigene Ich erkennen; für unsere weitere Erkenntniss hat derselbe nur Werth, sofern aus ihm das Kennzeichen aller Wahrheit entnommen wird. Jener Gegenstand, dessen Existenz wir zuerst erkannt, verbürgt uns nicht die Existenz anderer Gegenstände, sondern er bietet uns nur einen Grundsatz dar, nach welchem wir die Wahrheit anderer Vorstellungen in uns prüfen können. Somit lassen sich aus jenem ersten Satze andere gegenständliche Erkenntnisse nicht unmittelbar, sondern nur mittelbar ableiten. Daher fehlt aber auch für Descartes der Punkt, von dem aus die Existenz anderer Gegenstände in systematischer Ordnung nachgewiesen werden könnte. Denn wenn er auch einen Grundsatz gewonnen hat, den er zur Prüfung unserer Vorstellungen anwenden kann, so ist doch die Reihenfolge, in welcher er die Vorstellungen nach diesem Grundsatze prüft, damit nicht bestimmt, sondern seinem Belieben überlassen. In Wirklichkeit wird diese Reihenfolge bestimmt durch das Interesse, das er an den einzelnen Vorstellungen nimmt.

Jenes Kennzeichen aller Wahrheit konnte für Descartes nur noch erschüttert werden durch die Annahme, ein höheres Wesen täusche uns in Allem, auch in dem, was uns als das Sicherste erscheine. Um diesen Einwand zu beseitigen, beginnt er damit, die Vorstellung Gottes zu prüfen, die wir in uns vorfinden. Die Gründe, durch welche er diese Vorstellung als wahr nachweist, lassen

---

*) Princ. ph. I, 62.

ihm dieselbe auch als angeboren erscheinen. Sein eigentlicher Beweis für das Dasein Gottes ruht auf einer Anwendung jenes aus dem natürlichen Lichte hergeleiteten Satzes, dass in der wirkenden Ursache ebensoviel Realität enthalten sein müsse, als in der Wirkung dieser Ursache enthalten sei. Er stellt den Grundsatz auf: Eine Vorstellung setzt stets eine Ursache voraus, in welcher wenigstens ebensoviel formale (wirkliche) Realität enthalten sein muss, als in der Vorstellung objective (gedachte) Realität enthalten war. Nun denke ich aber in der Vorstellung Gottes eine unendliche Substanz; diese Vorstellung kann daher nur von einem Wesen herrühren, welches selbst unendliche Substanz ist. Darin liegt ausgesprochen, dass ich selbst nicht Urheber dieser Vorstellung sein kann, da ich nur eine endliche Substanz bin; ebenso dass dieselbe nicht aus der äusseren Erfahrung entnommen sein kann, denn die Gegenstände, welche uns diese Erfahrung lehrt, enthalten womöglich noch weniger Realität als wir selber*). Stammt aber einmal die Idee Gottes von diesem Gotte selbst her, so muss sie uns auch angeboren, d. h. von Natur aus unsrem Geiste eingeprägt sein; denn die Frage, ob dieselbe nicht einmal auf übernatürliche Weise unsrem Geiste enthüllt worden sei, existirt für den Philosophen Descartes nicht.

3. Ideen der reinen Mathematik.

Schon bei Gelegenheit des allgemeinen Zweifels hatte Descartes gewisse Vorstellungen gefunden, welche durch ihre unveränderliche Natur sowohl über die Unsicherheit der übrigen Vorstellungen als über die Unsicherheit unsres persönlichen Zustandes völlig erhaben waren. Ihre Gewissheit konnte nur durch die Möglichkeit einer übernatürlichen Täuschung erschüttert werden. Nachdem diese

---

*) Medit. III. p. 18 ff. Princ. ph. I, 17 f.

Möglichkeit beseitigt ist, werden diese Vorstellungen wieder hervorgesucht. Dieselben betreffen die Gegenstände der reinen Mathematik.

Worin besteht die Natur dieser Vorstellungen? Auf welchem Wege gelangt Descartes zur Erkenntniss dieser Natur?

Mögen wir auch die Wahrheit aller Vorstellungen über eine Körperwelt, soweit sie uns durch die Sinne zugeführt werden, bezweifeln, theils der Unsicherheit wegen, die alle sinnliche Wahrnehmung kennzeichnet, theils weil wir nicht wissen, ob wir selber träumen oder wachen, so „muss man doch nothwendig bekennen, dass gewisse ihm dieselbe auch als angeboren erscheinen. Sein eigentlicher Beweis für das Dasein Gottes ruht auf einer Anwendung jenes aus dem natürlichen Lichte hergeleiteten Satzes, dass in der wirkenden Ursache ebensoviel Realität enthalten sein müsse, als in der Wirkung dieser Ursache enthalten sei. Er stellt den Grundsatz auf: Eine Vorstellung setzt stets eine Ursache voraus, in welcher wenigstens ebensoviel formale (wirkliche) Realität enthalten sein muss, als in der Vorstellung objective (gedachte) Realität enthalten war. Nun denke ich aber in der Vorstellung Gottes eine unendliche Substanz; diese Vorstellung kann daher nur von einem Wesen herrühren, wel-

Möglichkeit beseitigt ist, werden diese Vorstellungen wieder hervorgesucht. Dieselben betreffen die Gegenstände der reinen Mathematik.

Worin besteht die Natur dieser Vorstellungen? Auf welchem Wege gelangt Descartes zur Erkenntniss dieser Natur?

Mögen wir auch die Wahrheit aller Vorstellungen über eine Körperwelt, soweit sie uns durch die Sinne zugeführt werden, bezweifeln, theils der Unsicherheit wegen, die alle sinnliche Wahrnehmung kennzeichnet, theils weil wir nicht wissen, ob wir selber träumen oder wachen, so „muss man doch nothwendig bekennen, dass gewisse andere, noch einfachere und allgemeine Dinge wahr seien, durch welche alle jene sei es wahren, sei es falschen, in unserem Bewusstsein befindlichen Dinge gebildet werden. Zu dieser Art scheinen zu gehören: die Natur des Körpers überhaupt und dessen Ausdehnung; ebenso die Gestalt der ausgedehnten Gegenstände; ebenso die Quantität oder Grösse derselben und ihre Zahl; ebenso der Ort, an dem sie sich befinden, oder die Zeit, die ihre Dauer währt und Aehnliches." Wollte man daher auch die Geltung aller übrigen Wissenschaften fallen lassen, „so müssten doch die Arithmetik, die Geometrie und alle Wissenschaften, die nur von jenen einfachsten und allgemeinsten Dingen handeln und sich wenig darum bekümmern, ob diese in der Welt existiren oder nicht, etwas Gewisses und Unzweifelhaftes enthalten; denn mag ich träumen oder wachen, so ist 2 + 3 gleich 5 und das Quadrat hat nicht mehr als vier Seiten *).'' An einer anderen Stelle giebt Descartes folgendes Verzeichniss derartiger Gegenstände: „Bestimmt schauen wir an die sog. stetige Grösse oder die Ausdehnung dieser Grösse oder besser der grossen Gegenstände nach Länge, Breite und Tiefe; ich zähle in derselben verschiedene Theile und

---

*) Medit. I. S. 3.

schreibe diesen Theilen gewisse Grössen, Gestalten, Lagen und örtliche Bewegungen zu *).

Fassen wir die hier ausgesprochenen Eigenthümlichkeiten dieser Vorstellungen kurz zusammen, so sind sie folgende:

1) Diese Vorstellungen sind universal, d. h. sie kommen allen Gegenständen unsrer Wahrnehmung zu; denn ohne sie kann ein solcher Gegenstand überhaupt nicht gedacht werden.

2) Dieselben werden an und für sich schon, durch reines Denken, klar und deutlich erkannt.

3) Da dieselben an und für sich schon klar und deutlich erkannt werden, so sind sie unabhängig von aller äusseren Erfahrung und behalten ihre Geltung, mag auch nirgends ausser uns das in ihnen Vorgestellte existiren.

Durch diese Gründe wird die Wahrheit dieser Vorstellungen über allen Zweifel erhoben. Auch dass sie angeboren seien, liesse sich wohl leicht nachweisen, wollte man jede einzelne derselben nach den angegebenen Eigenthümlichkeiten genauer untersuchen. Aber Descartes unterlässt es, eine solche genauere Untersuchung bis ins Einzelne in Angriff zu nehmen. Scheint er doch jene Vorstellungen nur aufzuzählen, wie sie ihm der Zufall oder sein Gedächtniss an die Hand giebt. Jedenfalls ist er weit davon entfernt, die Reihe derselben vollständig geben zu wollen. Desshalb kann er auch nicht daran gedacht haben, dieselben systematisch zu ordnen.

---

*) Medit. V. S. 31. Eine ähnliche Aufzählung findet sich Medit. III. S. 20: Animadverto perpauca tantum esse, quae in illis (sc. ideis rerum corporalium) clare et distincte percipio, nempe magnitudinem sive extensionem in longum, latum et profundum; figuram, quae ex terminatione istius extensionis exsurgit; situm, quem diversa figurata inter se obtinent; et motum sive mutationem istius situs; quibus addi possunt substantia (s. unten) duratio et numerus.

Wenn er aber die Gegenstände der Mathematik nur in der Weise aufzählt, wie sie sich ihm gerade darbieten, so ist jedenfalls keine Nöthigung vorhanden, jeden dieser Gegenstände bis in die Eigenthümlichkeit seines Wesens hinein zu verfolgen. Daher begnügt sich Descartes damit, an einem Beispiele die Eigenthümlichkeit und die Quelle dieser Art Ideen nachzuweisen. Als solches Beispiel aber dienen ihm die Ideen der geometrischen Figuren.

Geometrische Figuren.

„Ich finde", sagt Descartes, „unzählige Ideen gewisser Dinge in mir, welche, wenn sie auch nirgends ausser mir existiren, dennoch nicht ein Nichts genannt werden können; und wenn sie auch von mir gewissermassen nach Belieben ins Bewusstsein gerufen werden, so werden sie doch nicht von mir gebildet, sondern sie haben ihre eigene, wahre und unveränderliche Natur. So besitze ich z. B. die Idee eines Dreiecks. Es wäre möglich, dass ausserhalb meines Denkens nirgends in der Welt eine solche Figur existire oder je existirt habe; dennoch ist deren Natur, Wesen oder Form vollständig bestimmt, unveränderlich und ewig. Dieselbe ist nicht von mir gebildet und hängt nicht von meinem Geiste ab, denn ich kann gewisse Eigenthümlichkeiten am Dreieck beweisen, z. B. dass seine drei Winkel gleich zwei Rechten sind, oder dass dem grössten Winkel stets die grösste Seite gegenüberliegt, die ich, mag ich wollen oder nicht, anerkennen muss, sollte ich auch früher, als ich mir ein Dreieck vorstellte, dieser Eigenthümlichkeiten mir nicht bewusst geworden sein *).

Bis hierher ist es also die unveränderliche, selbstständige Natur der in unsrem Denken enthaltenen Figuren, welche dieselben wahr und angeboren erscheinen

---

*) Medit. V. S. 31.

lässt. Denn nicht genug, dass ich die eigenthümliche Beschaffenheit dieser Figuren überhaupt klar und deutlich einsehe; diese Klarheit und Deutlichkeit ist sogar so unmittelbar und zwingend, dass sie das so Eingesehene von der äusseren Wahrnehmung wie von der Willkür meines Denkens gänzlich unabhängig erscheinen lässt."

Aber Descartes begnügt sich nicht damit, aus der Natur der geometrischen Figuren deren Unabhängigkeit von der sinnlichen Wahrnehmung und von unsrer Willkür dargethan zu haben, sondern er schlägt auch den umgekehrten Weg ein und weist aus der Natur der sinnlichen Wahrnehmung und aus der Natur der durch uns selbst gebildeten Vorstellungen nach, dass der Ursprung der geometrischen Figuren nicht in jenen zu suchen sei.

Was die Unveränderlichkeit ihrer Natur betrifft, so stehen die Ideen der geometrischen Figuren den Ideen des Ich und Gottes gleich. Aber das Ich war von aller äusseren Erfahrung wie von aller Willkür unsres Denkens schon insofern unabhängig, als es stets die Voraussetzung derselben bildete. Die Idee Gottes konnte schon ihres Inhalts wegen weder von aussen empfangen, noch von uns gebildet, sondern nur von Gott selbst unsrem Geiste eingeprägt sein. Die Ideen der geometrischen Figuren dagegen scheinen in so natürlichem Zusammenhange mit der Aussenwelt zu stehen, dass trotz ihrer Unwandelbarkeit ein Jeder sie der äusseren Wahrnehmung entnommen zu haben meint. Daher macht sich Descartes selbst den Einwand: Ich könne doch die Idee eines Dreiecks von aussen durch die Sinnesorgane empfangen haben, indem zufällig einmal eine dreiseitige Figur sich meinem Anblick darbot; nachdem ich sie aber einmal gesehen, hätte ich diese Figur meinem Geiste unwandelbar eingeprägt*). Im Uebrigen meinen wir gar häufig diese Fi-

---

*) Medit. V. S. 31.

guren erst zu bilden, indem wir solche, die wir nie gesehen, construiren.

Sollen trotzdem die Ideen jener Figuren als angeboren gelten, so wird Descartes desshalb die beiden oben angegebenen Kennzeichen aller angeborenen Ideen auch an diesen genauer nachzuweisen haben; er wird, nachdem er die unwandelbare Natur dieser Figuren schon erwiesen, weiter nachweisen: 1) dass die sinnliche Wahrnehmung uns solche Ideen nicht darzubieten vermöge, 2) dass das in uns liegende Vermögen, willkürlich Ideen zu bilden, nicht die Quelle dieser Ideen sein könne.

Wir haben diese Ideen nicht von aussen empfangen. Man könnte vielleicht noch behaupten, die Vorstellung eines Dreiecks der äusseren Wahrnehmung entnommen zu haben, aber wir tragen doch auch ausser dieser noch die Ideen unzähliger anderer Figuren in uns, die wir nie ausser uns geschaut haben, wie z. B. die Idee eines Tausendecks, und dennoch vermögen wir auch gewisse Eigenthümlichkeiten dieser Figuren ebenso sicher aufzustellen wie die eines Dreiecks *).

Danach bliebe aber doch noch die Möglichkeit offen, dass wir wenigstens die einfacheren Figuren der äusseren Wahrnehmung entnommen hätten. Es bleibt also nichts übrig als die Ideen dieser Figuren mit den Gegenständen unserer sinnlichen Wahrnehmung überhaupt zu vergleichen, um den wesentlichen Unterschied Beider festzustellen.

Descartes bestreitet nicht die Möglichkeit, dass es irgendwo in der Welt solche Figuren geben könne, wie sie uns in der Geometrie begegnen; aber er bestreitet, dass es in unsrer Umgebung solche gebe; oder wenn es auch da solche geben könnte, so seien dieselben doch so klein, dass sie auf keine Weise unsre Sinne berühren könnten. Das Dreieck ist eine von drei geraden Linien

---

*) Medit. V. S. 32.

begrenzte Figur. Haben wir aber je eine gerade Linie
gesehen? Allerdings scheinen uns manche Linien, die wir
sehen, gerade zu sein, aber dies ist eben blosser Schein.
Denn betrachten wir jene Linien durch eine Loupe, so
finden wir sie unregelmässig und wellenförmig gekrümmt.
Wenn wir daher in unsrer Jugend ein Dreieck auf ein
Papier gezeichnet sahen, so dürfen wir nicht meinen, als
ob dies gezeichnete Dreieck uns hätte belehren können,
wie ein wahres Dreieck, so wie es in der Geometrie betrachtet wird, aufzufassen sei; war doch dieses in jenem
enthalten, wie eine Statue des Gottes Merkur in einem
rohen Holz: sondern vielmehr, weil schon vorher in uns
die Idee eines wahren Dreiecks enthalten war und weil
diese Idee von unsrem Geiste weit leichter als die zu-
sammengesetzte Figur eines gezeichneten Dreiecks erfasst
werden konnte, nur aus diesem Grunde haben wir das in
jener zusammengesetzten Figur enthaltene Bild eben nicht
als Bild, sondern als ein wahres Dreieck hingenommen.
Diese Behauptung wird auch durch andere Fälle bestätigt. Wenn wir z. B. auf einem Papier gewisse Linien
so gezogen sehen, dass sie das Gesicht eines Menschen
darstellen, so wird doch in uns nicht die Idee dieser
Linien, sondern vielmehr die Idee eines Menschen er-
weckt. Dies würde aber nicht der Fall sein können,
wenn uns nicht schon vorher ein menschliches Gesicht
bekannt gewesen wäre und wenn es nicht unsere Ge-
wohnheit so mit sich brächte, dass wir mehr an das Gesicht als an jene Linien denken, da wir die Letzteren
doch, wenn wir ein wenig entfernt sind, nicht einmal zu
unterscheiden vermögen. Ebenso hätten wir auch ein
geometrisches Dreieck nicht aus einem gezeichneten Dreieck
heraus erkennen können, wenn unser Geist diese Idee
nicht schon anderswoher gehabt hätte*).

---

*) Resp. ad V. Obj. Appendix continens V. et VII. Obj. ad
Medit. Amstel. 1649. S. 73 f.

Diese eigenthümliche Beschaffenheit der geometrischen Figuren aber, wie sie von den Gegenständen der sinnlichen Wahrnehmung nie erreicht werden kann, bleibt auch unerreichbar für alle von uns selbst willkürlich gebildeten Vorstellungen.

Alle von uns willkürlich gebildeten Vorstellungen müssen auch wieder in die Theile auseinander genommen werden können, aus denen sie zuerst zusammengesetzt worden sind. Wären also die Ideen der geometrischen Figuren erst von unsrem Geiste zusammengesetzt, also erdichtet, so müssten sie auch in ihre ursprünglichen Theile aufgelöst werden können. Nun muss man aber zwei Arten einer solchen Theilung unterscheiden. Dieselbe könnte geschehen entweder nur per abstractionem oder aber per claram et distinctam operationem. Die eine besteht darin, dass ich von der Vorstellung eines Gegenstandes die Vorstellungen gewisser Eigenschaften dieses Gegenstandes unterscheide; die andere darin, dass ich die Vorstellung eines Gegenstandes in die Vorstellungen zweier verschiedener, von einander unabhängiger Gegenstände theile. Die erste kann überall geschehen; denn selbst wenn gewisse Eigenschaften mit einem Gegenstande unzertrennlich verbunden wären, so könnte ich dieselben doch eben als Eigenschaften von jenem Gegenstande unterscheiden; die zweite dagegen ist nur da möglich, wo wirklich eine Vorstellung aus zwei verschiedenen Vorstellungen zusammengesetzt ist. Nun kann ich allerdings von einem Dreieck als Gegenstand dessen Eigenschaft, dass seine drei Winkel gleich zwei Rechten sind, unterscheiden; aber ich kann diese beiden, Gegenstand und Eigenschaft, nicht als zwei von einander unabhängige Glieder hinstellen, die ich beliebig von einander trennen kann, wie ich etwa die Vorstellungen eines geflügelten Pferdes theilen kann in die beiden von einander unabhängigen Vorstellungen: Pferd und geflügelt. Sonach ist es nicht meine Person, die aus gewissen Eigenschaften die Idee eines Dreiecks zusammensetzt, sondern das Dreieck trägt von Natur aus diese Eigenthümlichkeiten an sich, so dass ich sie nicht einmal von demselben abzutrennen vermag, wenn ich sie gleich in meinem Denken als Eigenschaften von dem Dreieck als Gegenstand unterscheiden kann. Dies gilt nicht nur von den einfachen, sondern auch von den zusammengesetzten geometrischen Figuren. Wenn ich z. B. ein Quadrat, von dem ich durch eine Diagonale ein Dreieck abgeschnitten habe, betrachte, nicht in der Absicht, das, was allein dem Dreieck zukommt, auf das Quadrat, oder das, was allein dem Quadrat zukommt, auf das Dreieck zu übertragen, sondern nur, um die Eigenthümlichkeiten ins Auge zu fassen, die aus der Verbindung beider hervorgehen, z. B. dass das Quadrat das Doppelte des Dreiecks beträgt, so tritt mir auch an dieser zusammengesetzten Figur deren wahre und unveränderliche Natur entgegen, die ebenso unumstösslich und ebenso selbstständig ist, wie die Natur des einfachen Dreiecks oder Quadrats*).

Die Gründe, durch welche Descartes die Ideen der geometrischen Figuren als angeboren nachweist, sind somit folgende:
1) Die Ideen dieser Figuren sind nicht der äusseren Wahrnehmung entnommen, denn die äussere Wahrnehmung vermag uns solche Figuren in der ihnen wesentlichen Form überhaupt nicht darzubieten.
2) Dieselben sind nicht erst von uns gebildet, denn sie können nicht in die einzelnen Theile aus einander genommen werden, aus denen sie zusammengesetzt sein müssten.

Der erste Grund stützt sich auf die **äussere Beschaffenheit** der geometrischen Figuren und weist aus der Erfahrung nach, dass die ausser uns wahrgenommenen Dinge diese Beschaffenheit nicht besitzen.

Der zweite Grund stützt sich auf die **innere Be-**

---

*) Resp. ad I. Obj. S. 61.

schaffenheit dieser Figuren, nämlich auf die in ihnen selbst liegende Nothwendigkeit, so und nicht anders vorgestellt zu werden, eine Eigenschaft, die an den von uns gebildeten Ideen nie gefunden werden kann.

Beide Gründe weisen auf eine, den geometrischen Figuren eigenthümliche, vor aller Erfahrung schon gegebene Natur hin: der eine auf eine diesen Figuren eigenthümliche, in unsrem Geiste enthaltene Form, die sich in der äusseren Wahrnehmung nur näherungsweise erreichen lässt, der andere auf einen diesen Figuren eigenen, durch gewisse Gesetze bestimmten Inhalt. Der Inhalt dieser Figuren sowohl wie ihre Form müssen vor aller Erfahrung in uns enthalten gewesen sein.

Aber Descartes begnügt sich damit, auf diese, den geometrischen Figuren eigenthümliche Natur hingewiesen zu haben. Warum er sich damit begnügen konnte, die gesetzmässige Bestimmtheit dieser Figuren aufzustellen, ohne nach den Gründen zu fragen, durch welche jene Bestimmtheit allein möglich ist, wird durch den Zweck klar, dem dieser Theil seiner Untersuchungen überhaupt dient. Denn wenn er auf den mit den geometrischen Figuren nothwendig verbundenen Inhalt hinweist, so thut er dies doch weniger, um die Erkenntniss über die Natur dieser Figuren selbst zu bereichern, sondern vielmehr nur, um dadurch den Grundsatz zu befestigen, dass das, was wir als einem Dinge zugehörig klar und deutlich erkannt haben, auch in Wirklichkeit diesem Dinge zugehöre. Dieser Grundsatz aber soll seinen ontologischen Beweis vom Dasein Gottes stützen. Er unternimmt also diese Untersuchungen weniger um ihrer selbst willen, sondern nur um gewisse, für ihn und seine Zeit wichtigere Erkenntnisse dadurch zu befestigen.

Dass er aber in Bezug auf die den geometrischen Figuren eigene, vor aller Erfahrung gegebene Form keine weiteren Resultate geliefert hat, wird erklärlich durch die ihm eigene, allzu enge Begrenzung unsrer Erkenntnissvermögen. Dies soll im Folgenden weiter begründet werden.

Denken und Anschauung.

Die geometrischen Figuren stehen zwar als angeborenen früher gewonnenen Ideen des Ich und Gottes gleich, aber sie unterscheiden sich von denselben dadurch, dass die letzteren nur gedacht werden konnten, während diese nicht nur gedacht, sondern auch häufig in Bildern angeschaut werden. Es tritt sonach bei Gelegenheit der geometrischen Figuren ein neues Geistesvermögen in Wirksamkeit, nämlich das in Bildern vorzustellen oder anzuschauen (imaginari).

Worin besteht diese Anschauung und in welchem Verhältniss steht dieselbe zur menschlichen Erkenntniss?

Descartes behauptet: Der Körper ist eine ausgedehnte Substanz. Durch das Merkmal der Ausdehnung wird der Begriff des Körpers völlig bestimmt. Alle Eigenschaften des Körpers, die wir der sinnlichen Wahrnehmung entnehmen, müssen als abhängig von unsren Sinnen gelten und können nicht die eigentliche, von uns unabhängige Natur des Körpers darstellen. Das Merkmal der Ausdehnung dagegen bleibt übrig, sobald wir alle unsren Sinnen entnommenen Merkmale des Körpers weglassen; daher wird der Begriff des Körpers durch reines Denken gewonnen und er erscheint unabhängig von unsrer sinnlichen Wahrnehmung *).

Sollte sich nun erweisen, dass Descartes die Fähigkeit, angeschaut zu werden, als ein wesentliches Merkmal der Ausdehnung hingestellt habe, so würde nach Descartes diese Fähigkeit dadurch auch aller Abhängigkeit von unsrer sinnlichen Wahrnehmung enthoben sein.

Nun hatte man aber Descartes den Vorwurf gemacht, seine Erklärung des Körpers als einer ausgedehnten Sub-

---

*) Vergl. Medit. II (Beispiel vom Wachse).

stanz sei allzuweit. Denn der Begriff der Ausdehnung lasse sich anwenden nicht nur auf Körper, sondern auch auf körperlose Wesen. Denn wenn man z. B. behaupte, Gott sei allgegenwärtig und er durchdringe vermöge seiner Allgegenwart die ganze Welt sowohl wie alle einzelnen Theile derselben, so müsse dieser Gott, obwohl er körperlos sei, doch ausgedehnt sein*). Descartes will in seiner Antwort dem Gegner das Recht nicht streitig machen, in gewissem Sinne von einer Ausdehnung Gottes zu reden, aber er entgegnet, dies sei nicht eine Ausdehnung im gewöhnlichen Sinne des Wortes. Denn, bemerkt er, unter einem ausgedehnten Dinge versteht man gemeiniglich etwas Anschaubares; an einem solchen Dinge aber kann man in der Anschauung verschiedene Theile einer bestimmten Grösse oder Figur unterscheiden; man vermag in der Anschauung die eine Grösse auf die andere zu übertragen, nicht aber zwei an einer und derselben Stelle anzuschauen. Von Gott aber lässt sich Derartiges ebensowenig wie von unserem Geiste behaupten. Diese lassen sich nicht anschauen, sondern nur denken. Auch lassen sie sich nicht in Theile theilen, namentlich nicht in Theile von bestimmter Grösse oder Figur. Wenn aber Einige den Begriff der Substanz mit dem eines ausgedehnten Dinges verwechseln, so geschieht dies aus dem falschen Vorurtheile, dass sie nämlich glauben, es existire Nichts oder es sei Nichts denkbar, was nicht auch anschaubar wäre; und in Wahrheit fällt Nichts unter die Anschauung, was nicht auch auf irgend eine Weise ausgedehnt wäre**).

---

*) Brief des Heinrich Morus aus dem Jahre 1648, Epist. P. I, 66.
**) Epist. P. I, 67 aus dem Jahre 1649: Sed, inquis, Deus etiam et Angelus resque alia quaelibet per se subsistens est extensa ideoque latius patet definitio tua quam definitum. Ego vero non soleo quidem de nominibus disputare atque ideo, si ex eo, quod Deus sit ubique, dicat aliquis eum esse quodammodo extensum, per me licet. Atqui nego veram extensionem, qualis ab omnibus vulgo concipitur,

Diese Erklärung Descartes' ist in zweifacher Weise für uns wichtig: Einmal schreibt er allen ausgedehnten Dingen ausdrücklich als eine ihnen wesentliche Eigenschaft die Fähigkeit zu, angeschaut zu werden; weiter aber leitet er die besonderen Eigenthümlichkeiten der ausgedehnten Gegenstände, z. B. ihre Theilbarkeit, Grösse und Figur, ja sogar eine gewisse Gesetzmässigkeit dieser Gegenstände, z. B. dass ich nicht zwei als an einer und derselben Stelle befindlich mir vorstellen könne, aus diesem ihrem Charakter als Gegenständen der Anschauung ab. Bildet aber die Anschaubarkeit ein wesentliches Merkmal der Ausdehnung als solcher, so ist damit

---

vel in Deo vel in angelis vel in mente nostra vel denique in ulla substantia, quae non sit corpus, reperiri. Quippe per ens extensum communiter omnes intelligunt aliquid imaginabile (sive sit ens rationis sive reale, hoc enim jam in medium relinquo) atque in hoc ante varias partes determinatae magnitudinis et figurae, quarum una nullo modo alia sit, possunt imaginatione distingnere, unasque in locum aliarum possunt etiam imaginatione transferre, sed non duas simul in uno et eodem loco imaginari: atqui de deo ac etiam de mente nostra nihil tale dicere licet; neque enim est imaginabilis, sed intelligibilis duntaxat; nec etiam in partes distinguibilis, praesertim in partes, quae habeant determinatas magnitudines et figuras. Denique facile intelligimus et mentem humanam et deum et simul plures angelos in uno et eodem loco esse posse. Unde manifeste concludimus, nullas substantias incorporeas proprie esse extensas: sed eas intelligo tanquam virtutes aut vires quasdam, quae quamvis se applicent rebus extensis, non idcirco sunt extensae, ut quamvis in ferro candenti sit ignis, non ideo ignis ille est ferrum. Quod vero nonnulli substantiae notionem cum rei extensae notione confundant, hoc fit ex falso praejudicio, quia nihil putant exsistere vel esse intelligibile, nisi sit etiam imaginabile, ac re vera nihil sub imaginationem cadit, quod non sit aliquo modo extensum. Jam vero quemadmodum dicere licet sanitatem soli homini competere, quamvis per analogiam et medicina et aër temperatus et alia multa dicantur etiam sana, ita illud solum, quod est imaginabile, ut habens partes extra partes, quae sint determinatae magnitudinis et figurae, dico esse extensum, quamvis alia per analogiam etiam extensa dicantur.

1) das Vermögen anzuschauen auch über alle Abhängigkeit von unserer sinnlichen Wahrnehmung erhoben,
2) ist damit auch ein bestimmtes Kennzeichen gefunden, durch welches sich der Begriff der Ausdehnung und alle daraus hergeleiteten Begriffe von den reinen Denkbegriffen unterscheiden.

Werden aber erst alle besonderen Eigenthümlichkeiten der ausgedehnten Gegenstände nicht aus dem Begriffe der Ausdehnung, sondern aus der Anschauung hergeleitet, so ist damit der Anschauung überhaupt das Recht zugesprochen, unabhängig sowohl von unsrem Denken wie von der sinnlichen Wahrnehmung uns Erkenntnisse darzubieten.

Wir haben diesen Gedanken so weit verfolgt, um darzulegen, wie nahe die imaginatio des Descartes der „reinen Anschauung" Kant's liegt. Aber wir dürfen nicht verhehlen, dass uns nur die eine Stelle bekannt ist, in welcher Descartes bis zu jenen Consequenzen vorwärts geht; diese Stelle aber ist einem Briefe aus dem Jahre 1649 entnommen und stammt sonach aus einer Zeit, in welcher es dem grossen Philosophen nicht mehr möglich sein konnte, diese neuen Gedanken in eigner Person weiter zu bilden.

Wir nennen diese Gedanken für Descartes ausdrücklich neu, denn in seinen Hauptschriften wird der Anschauung eine weit niedrigere Stelle zugewiesen. In jenem Briefe wird Descartes auf die Natur der Anschauung geführt, durch die Behauptung seiner Gegner, auch Gott gehöre zu den ausgedehnten Wesen, wenn man eben die Ausdehnung nur als einen reinen Denkbegriff versteht. In seinen Hauptschriften dagegen geht Descartes von dem Satze aus, dass Alles wahr sei, was wir klar und deutlich einsehen. Dieser Grundsatz, wie er alle Untersuchungen Descartes' beherrscht, entscheidet daher auch in diesen Schriften über Wesen und Werth der Anschauung. —

„Wenn ich mir ein Dreieck im Bild vorstelle", sagt Descartes, „so sehe ich nicht allein ein, dass dies eine von drei Seiten begrenzte Figur sei, sondern ich schaue auch diese drei Seiten gleichsam gegenwärtig vor meinem Geiste und dieses Schauen nenne ich imaginari *).

Dass das Dreieck eine von drei Linien begrenzte Figur sei, sehe ich klar und deutlich ein; wie aber steht es um die klare und deutliche Einsicht jenes Bildes, das ich mir vom Dreieck oder von anderen Figuren zu machen pflege? Es gelingt mir allerdings, ein klares und deutliches Bild eines Dreiecks mir vorzustellen; bei der Figur eines Fünfecks aber bedarf es zur Herstellung eines deutlichen Bildes schon einiger Anstrengung; wie wird es aber bei einem Tausendeck sein? Trotz aller Anstrengung werde ich doch nur ein verworrenes Bild dieser Figur erhalten, das mich nicht im Geringsten die Eigenthümlichkeiten eines Tausendecks erkennen lässt, durch welche sich dasselbe von anderen vielseitigen Figuren unterscheidet, z. B. von der Figur eines Zehntausendecks **).

Trotzdem aber liegt die Idee eines Tausendecks durchaus nicht verworren, sondern völlig klar und deutlich in mir, „denn es lässt sich gar Vieles über dasselbe auf das Genaueste beweisen, was doch nicht geschehen könnte, wenn dasselbe nur verworren oder gar nur dem Namen nach erfasst würde. Dies kommt daher, dass wir jene Idee als Ganzes klar einsehen, obwohl wir dasselbe als Ganzes nicht zugleich bildlich vorstellen können ***).

Die klare und deutliche Einsicht der geometrischen Figuren rührt daher von unsrem Denken, nicht aber von der Anschauung her. Daraus ergiebt sich für das Wesen der Anschauung Folgendes: „Dieselbe ist von unsrem Denkvermögen durchaus verschieden und gehört somit

---
*) Medit. VI. S. 36.
**) Ebendas. Medit. VI.
***) Resp. ad V. Obj. S. 75 (Einwände gegen Medit. VI).

nicht zur eigentlichen Natur unsrer selbst, d. h. unsres Geistes. Denn wenn ich dieselbe auch nicht besässe, so würde ich doch derselbe bleiben, der ich jetzt bin. Daraus scheint zu folgen, dass diese Anschauungskraft von einem von mir verschiedenen Gegenstande abhänge und es ist leicht einzusehen: Wenn es einen Körper geben sollte, der mit dem Geiste so verbunden ist, dass dieser sich gleichsam zur Betrachtung desselben nach Belieben hinwendet, so könnte es leicht geschehen, dass ich durch Vermittlung desselben die körperlichen Dinge anschaue. Daher würde die in der Anschauung enthaltene Art des Bewusstseins (cogitandi) sich nur darin vom reinen Denken (intellectio) unterscheiden, dass der Geist, beim reinen Denken, sich zu sich selbst auf irgend eine Weise wendet, und irgend eine der Ideen betrachtet, die in ihm selber liegen; während derselbe, wenn er anschaut, sich zu dem Körper wendet, und an demselben Etwas anschaut, was einer von ihm erkannten oder durch die Sinne empfangenen Vorstellung entspricht. Ich sehe, sage ich, leicht ein, dass die Anschauung so geschehen könnte, wenn nämlich ein Körper existirt; und weil keine andere passende Art zur Erklärung derselben sich darbietet, so schliesse ich daraus mit Wahrscheinlichkeit, dass ein Körper existire; aber nur mit Wahrscheinlichkeit; denn so genau ich auch Alles untersuche, so sehe ich doch noch nicht ein, dass aus der bestimmten Vorstellung einer körperlichen Natur, die ich in meiner Anschauung vorfinde, irgend ein Grund hergenommen werden könnte, der mich zu dem Schlusse zwingen könnte, es existire wirklich ein Körper *).

Es ist bezeichnend, dass Descartes an dieser Stelle seiner Erklärung über die Anschauung nur die Geltung einer Hypothese beimisst. Er gesteht offen zu, dass aus der Natur der Anschauung die Existenz eines Körpers

---

*) Medit. VI. S. 36 f.

nicht geschlossen werden könne. Nun beweist er aber später die Existenz eines solchen Körpers; wir brauchen daher kein Bedenken zu tragen, in jener Hypothese die eigentliche Ansicht Descartes' zu erkennen, durch welche er die Anschauung vom reinen Denken unterscheidet *).
Wie aber unterscheidet sich dann diese Anschauung (imaginari) von der sinnlichen Wahrnehmung? Descartes scheint sich nach dem Obigen den Unterschied so zu denken: Beide setzen die Existenz eines Körpers voraus, aber die Ursache, welche uns zur Vorstellung eines Körpers treibt, liegt bei der sinnlichen Wahrnehmung ausser uns, sofern ein Körper ausser uns unsre Sinne in Thätigkeit versetzt; bei der Anschauung dagegen liegt dieselbe in uns, nämlich in unsrem Willen, vermöge dessen unser Geist sich zu einem Körper hinwendet. Aber auch in Bezug auf das Werkzeug, vermittelst dessen wir einen solchen Körper schauen, scheinen beide verschieden; die Wahrnehmung geschieht vermittelst der Sinne, die Anschauung bedarf der Sinne nicht; bei jener stehen die Sinne gleichsam in der Mitte zwischen Körper und Bewusstsein; bei dieser wendet sich das Bewusstsein unmittelbar zur Betrachtung eines ihm innig verbundenen Körpers, oder, genauer, gewisser in uns liegender körperlicher Formen. Wenigstens scheint Descartes Letzteres zu meinen, wenn er sagt: In dem einen Sinne schliesse ich die Anschauungen bei der Definition des Bewusstseins mit ein, in dem anderen aus: sofern dieselben körperliche Formen oder Arten sind, die in unsrem Gehirn sein müssen, damit wir Etwas anschauen, sind sie nicht rein gedacht (bewusst), aber die Thätigkeit des denkenden (bewussten) Geistes, sofern der-

---

*) Dies wird bestätigt Epist. P. I, 105: Facultates imaginandi et sentiendi ad animam pertinent, quandoquidem illae sunt cogitationum species; quae tamen non pertinent ad animam, nisi quatenus illa juncta est corpori etc. Andere Stellen unten.

selbe anschaut, oder sich zu jenen Arten hinwendet, ist Denken (oder Bewusstsein) *).

Wie aber Descartes die Fragen wohl beantwortet haben würde: woher jene körperlichen Formen in unsrem Gehirn stammen, ob sie doch erst durch gewisse sinnliche Eindrücke oder auf sonst irgend welche Weise, vielleicht gar erst von uns hervorgerufen seien oder ob sie von jeher in uns gelegen haben, oder aber, wie das durch keine Sinne vermittelte Betrachten der körperlichen Formen durch das Bewusstsein vor sich gehe, darüber auch nur Vermuthungen aufstellen zu wollen, würde allzu gewagt erscheinen, zumal da schon die obigen Andeutungen über die Natur der Anschauung gleichsam als die letzten, kaum bemerkbaren Ausläufer seiner Philosophie gelten müssen.

Wir haben gesehen, die Unklarheit der geometrischen Figuren, sofern sie angeschaut wurden, im Unterschied von der Klarheit dieser Figuren, sofern sie gedacht wurden, gab die Veranlassung zu der Erklärung über das Wesen der Anschauung; eben darin liegt aber auch der Werth der Anschauung für unsere Erkenntniss ausgesprochen. Die Bilder unserer Anschauung entsprechen den Anforderungen nicht, die wir an alle Gegenstände, die erkannt werden sollen, machen müssen; dieselben können nicht klar und deutlich erkannt werden. Demnach hat die Anschauung für unsere Erkenntniss nicht nur nicht einen nebensächlichen, sondern überhaupt keinen Werth. Wenn daher überhaupt Etwas in Betreff der geometrischen Figuren erkannt wird, so geschieht dies nicht durch Betrachtung gewisser körperlicher Figuren, sondern vielmehr durch Erkenntniss der Ideen, welche in uns über jene Figuren enthalten sind. Mögen aber auch jene Figuren als Figuren körperlich sein, so sind doch jene Ideen durchaus nicht für körperlich zu halten,

---
*) Epist. P. II. 54.

durch welche dieselben erkannt werden, auch dann, wenn man sie nicht anschaut *).

Demnach gipfeln die Behauptungen Descartes' in folgendem Schluss: Da es in unserem Denken nur Ideen giebt, so kann es auch in unserem Denken keine Figuren geben, sondern nur die Ideen dieser Figuren. Nun erkennen wir aber durch reines Denken die Beschaffenheit der geometrischen Figuren; folglich erkennen wir die Beschaffenheit derselben nicht durch ihre Eigenschaft als Figuren, sondern durch die Ideen, die wir von diesen Figuren in uns tragen **).

Sollen daher die Ideen der geometrischen Figuren angeboren sein, so sind sie es nur in der Form, in welcher sie in unserem Denken enthalten sind, d. h. als Ideen oder genauer als Begriffe; die Anschauung aber ist zuletzt weiter nichts als die Anwendung solcher angeborener Begriffe auf gewisse, denselben entsprechende, körperliche Formen.

Mit der Frage nach dem Wesen der geometrischen Figuren ist aber auch die Frage nach dem Wesen der Gegenstände der reinen Mathematik überhaupt entschieden. Dieselben werden klar und deutlich erkannt, unabhängig von aller sinnlichen Wahrnehmung und ohne dass wir willkürlich gewisse Eigenthümlichkeiten von ihnen abtrennen könnten. Diese Ideen haben daher ihre eigene, unveränderliche und ewige Natur und sind unserem Geiste angeboren. Sind sie aber einmal von jeher

---

*) Resp. ad V. Obj. S. 75: Quamvis figurae geometricae sint omnino corporeae, non tamen idcirco ideae illae, per quas intelliguntur, quando sub imaginationem non cadunt, corporeae sunt putandae.

**) Vrgl. Resp. ad V. Obj. S. 76: Respondeo nullam speciem corpoream in mente recipi, sed puram intellectionem tam rei corporeae quam incorporeae fieri absque ulla specie corporea; ad imaginationem vero, quae non nisi de rebus corporeis esse potest, opus quidem esse specie, quae sit verum corpus et ad quam mens se applicet, sed non quae in mente recipiatur.

in unsrem Geiste enthalten gewesen, so können sie es doch nur gewesen sein in der Form, welche dem einzigen Vermögen unseres Geistes, das uns bestimmte Gegenstände klar und deutlich darzubieten vermag, nämlich dem Denken, angemessen ist, d. h. sie sind uns als Begriffe angeboren.

Auf diese Weise schliessen sich auch die Ideen der reinen Mathematik auf das Passendste den ersten Erkenntnissen Descartes' an. Die erste Erkenntniss lautete: Ich bin ein denkendes Ding. Dieses Denken umfasste alle Thätigkeiten unseres Geistes, welche mit Bewusstsein vor sich gehen. Aber alle diese Thätigkeiten unseres Geistes kamen dort in Betracht nur in der einen Beziehung, sofern sie zur Natur unseres Ich gehörten, d. h. sofern sie Zustände unseres Bewusstseins waren. Wenn Descartes sagt: „ich schaue ein Ding", so ist dieser Satz wahr, sofern ich mir bewusst bin, ein Ding zu schauen; ob aber das Ding, welches zu schauen ich mir bewusst bin, auch wirklich existire, bleibt für ihn völlig dahin gestellt. Daher gesteht Descartes allerdings die **Existenz** dieser Vermögen zu, nicht aber ihre **Wirksamkeit**, uns die Existenz irgend eines Gegenstandes kund zu thun. Letzteres war nur möglich durch dasjenige Vermögen, durch welches wir klar und deutlich einsahen, nämlich das reine Denken. Diesem Grundsatze ist Descartes auch hier treu geblieben; denn es existirt für ihn kein Vermögen, das uns die Gegenstände der reinen Mathematik darbieten könnte ausser dem reinen Denken und diese Gegenstände erscheinen als ursprüngliche Ideen unsres Geistes in der Form, in welcher allein sie im Denken enthalten sein können, nämlich als Begriffe. Dieser Begriffe aber giebt es unzählige. Denn es sind nicht nur die allgemeinen Begriffe wie der der Ausdehnung u. s. w. angeboren, sondern auch die Begriffe sämmtlicher geometrischer Figuren und alle die arithmetischen Sätze, wie z. B. dass $2 + 3 = 5$ ist, deren Zahl unendlich ist. Wir begreifen daher, warum es Descartes verschmähen konnte, eine einigermassen vollständige Aufzählung derselben auch nur zu versuchen.

4. Reine Denkbegriffe.

Mit den Ideen der reinen Mathematik ist für Descartes die Reihe der angeborenen Ideen im Wesentlichen abgeschlossen. Demnach bleiben uns einige Ideen übrig, die, wenn sie gleich in der obigen Auseinandersetzung nur gelegentlich erwähnt wurden, doch eine Frage nach ihrem Ursprunge wenigstens berechtigen.

Descartes hatte geäussert, um den Satz einzusehen, „ich denke, also bin ich", müsse man wissen, was Denken, Dasein, Gewissheit sei*). Mit welchem Rechte er noch vor der ersten eigentlichen Erkenntniss diese Begriffe als bekannt voraussetzen konnte, ist schon gesagt worden. Von diesen Begriffen hat schon der des Denkens seine Stelle unter den angeborenen Ideen gefunden. Sollen die anderen auch als angeboren gelten? Hiermit scheint eine andere Stelle in Verbindung zu stehen, in welcher Descartes die Erkenntniss, was ein Ding, was Wahrheit, was Denken sei, aus unsrer eigenen Natur herleitet**). Auch gelten ihm diese Begriffe als durch sich selber klar, so dass Nichts gefunden werden könne, wodurch sie noch deutlicher erklärt werden könnten***). Endlich erwähnte er auch einmal neben den Begriffen

---

*) Princ. ph. I. 10. Vergl. oben S. 4.

**) Medit. I, S. 17: Quod intelligam, quid sit res, quid sit veritas, quid sit cogitatio, haec non aliunde habere videor, quam ab ipsamet mea natura. (Diesen setzt er gewisse von aussen empfangene oder von uns gebildete Ideen gegenüber).

***) Epist. P. II. 16: Nego nos ignorare, quid sit res, quidve cogitatio vel opus esse ut alios id doceam, quia per se tam notum est, ut nihil habeatur, per quod clarius explicetur.

der Mathematik den der Substanz*). Und in Bezug auf diese letztere Stelle äussert er in einem Briefe, er hätte zu den Worten „Substanz, Dauer, Zahl" auch hinzufügen können „Wahrheit, Vollkommenheit, Ordnung und andere mehr, deren Zahl nicht leicht zu bestimmen sei und über die man streiten könne, ob sie von den obigen zu unterscheiden seien oder nicht" **).

Sollen diese Ideen zu den angeborenen gehören, so fragt es sich, zu welcher der beiden Hauptklassen dieser Ideen dieselben zu rechnen seien. Dass sie Descartes nicht zu denen rechnet, welche, ohne selbst einen Gegenstand darzustellen, nur formale Hilfsmittel für unsere gegenständliche Erkenntniss darbieten, ist klar. Denn als Ideen dieser Art gelten für ihn nur Grundsätze, also Urtheile, d. h. Verbindungen gewisser Begriffe, niemals aber einzelne Begriffe an und für sich selbst.

Folglich können diese Ideen, sollen sie überhaupt als angeboren gelten, nur zu denen gehören, die einen wirklichen Gegenstand bezeichnen. Dass sie Descartes wenigstens zu den Vorstellungen wirklicher Gegenstände rechnet, ist nicht zu bezweifeln. Denn er sagt, die Wahrheit unterscheide sich nicht von einer wahren Sache oder Substanz, die Vollkommenheit nicht von einer vollkommenen Sache" u. s. w. ***). Ja auch der Begriff der Substanz erscheint ihm nicht als ein solcher Begriff, der ohne selbst einen Gegenstand zu bezeichnen, nur auf Gegenstände von unserem Denken angewandt werde, sondern,

---

*) Vergl. oben S. 24, Anm.
**) Epist. P. I, 119: Ad haec verba „substantiam, durationem, numerum etc." potuissem addere „veritatem, perfectionem, ordinem", aliaque complura, quorum numerum definire haud facile est et de quibus omnibus disceptari potest, sitne necesse ea a prioribus, quae nominavis distinguere necne; veritas enim non distinguitur a re vera sive substantia; nec perfectio a re perfecta etc. Quare satis habueram ponere „et si quae alia sunt ejusmodi."
***) s. vor. Anm.

wenn überhaupt dieser Begriff in der Erkenntniss eine Rolle spielt, so bezeichnet er für ihn stets einen wirklichen Gegenstand. Darin wird Descartes auch nicht durch die Einsicht irre gemacht, dass dieser Begriff an und für sich ein leerer Begriff sei, der einen solchen Gegenstand gar nicht darzubieten vermöge. Denn gerade um darzulegen, dass der Begriff der Substanz einen wirklichen Gegenstand bezeichne, fügt er demselben stets ein Attribut bei und behauptet, dass dies Attribut eben als Attribut so eng mit der Substanz, zu der es gehört, verbunden sei, dass man eine klare und deutliche Vorstellung dieser Substanz nicht haben könne, wenn man das derselben zukommende Attribut von ihr trenne *). Wenn er daher in der S. 33 angeführten Stelle die Substanz gerade für intelligibile erklärte, so will er damit nicht sagen, dass dieselbe ein reiner Denkbegriff ohne wirklichen Gegenstand sei; sondern er meint vielmehr, dass die Substanz in Verbindung mit einem passenden Attribut einen Gegenstand bezeichnen könne, der nur von unserem Denken erfasst zu werden vermöge, ohne dass er darum die Fähigkeit in sich zu tragen brauche, auch anschaulich gemacht werden zu können.

Diese reinen Denkbegriffe bezeichnen also für Descartes wirkliche Gegenstände. Hält er sie auch für angeboren? Der nominalistischen Richtung seiner Zeit würde es entsprochen haben, hätte er in diesen Begriffen nichts weiter gesehen als kollektive Bezeichnungen gewisser Eigenschaften, die wir erst von den einzelnen wirklichen Dingen abgezogen haben. Dieser Richtung scheint Descartes zu folgen in dem Theile seiner Principien der Philosophie, in welchem er ausführlicher auseinandersetzt,

---

*) Princ. ph. I. 62: Distinctio rationis est inter substantiam et aliquod ejus attributum, sine quo ipsa intelligi non potest.... atque agnoscitur ex eo, quod non possimus claram et distinctam ejus substantiae ideam formare si ab ea illud attributum excludamus.

was eigentlich an allen diesen Begriffen klar und deutlich eingesehen werde *). Aeussert sich doch Descartes in diesem Theile seiner Principien derart selbst über die geometrischen Figuren, als seien dieselben erst aus der äusseren Wahrnehmung in unser Denken aufgenommen **).

Wenn er dagegen meint, man könne einige dieser Begriffe denen der Mathematik gleichstellen, so giebt er wenigstens die Möglichkeit zu, dass dieselben zu den angeborenen Ideen gerechnet werden könnten; wenn er aber andere dieser Begriffe den Ideen der Mathematik unbedingt gleichstellt, ja wenn er von einigen behauptet, sie seien durch sich selbst klar, so dass sie durch nichts weiter erklärt werden könnten, wenn er ihnen also ausdrücklich dieselbe Natur zuschreibt, wie allen übrigen angeborenen Ideen, wenn er endlich diese Begriffe immer zusammen mit dem des Denkens erwähnt, der ihm doch längst als angeboren gilt, so lässt sich allerdings kaum zweifeln, dass er diese reinen Denkbegriffe, wie wir sie genannt haben, ebenfalls als angeborene Ideen betrachtet habe.

Woher kommt es aber, dass er sich so dunkel über dieselben ausspricht? Wie lässt sich erklären, dass er, sobald er die angeborenen Ideen aufzählt, diese gerade weglässt? Jedenfalls dadurch, dass er dieselben für zu unwichtig gehalten hat, als dass sie einer besonderen Untersuchung, ja selbst einer genaueren Erwähnung gewürdigt zu werden brauchten. Warum er dies gethan, ist leicht einzusehen. Zwar verdienen diese Ideen immerhin im System des Descartes erwähnt zu werden, denn sie stellen einen wirklichen Gegenstand dar und die Erkenntniss derselben entspricht daher den Ansprüchen, welche Descartes an jede Erkenntniss stellt, nämlich dass sie einen wirklich existirenden Gegenstand darbiete. Aber wenn diese

---

*) Princ. ph. I. 47 ff.
**) Princ. ph. I. 59.

Ideen auch immerhin erwähnt zu werden verdienen, so gebührt ihnen doch keine besondere Stelle in diesem System. Denn soweit diese Begriffe wirkliche Gegenstände enthalten, scheinen sie auch bereits in den gegenständlichen Erkenntnissen des Descartes enthalten zu sein, wie z. B. der Begriff der Substanz oder der eines wahren Dinges (den er dem der Substanz gleichstellt) in dem Satze: „ich bin ein denkendes Ding"; Descartes aber findet seine Aufgabe nicht darin, jede einzelne der in jenen Erkenntnissen enthaltenen Ideen besonders herauszukehren und in ihrer Eigenthümlichkeit zu untersuchen, sondern vielmehr darin, von der einen Erkenntniss aus immer neuen Erkenntnissen nachzujagen.

5. Zusammenstellung der angeborenen Ideen.

Es erscheint, um der Darstellung der angeborenen Ideen einen Abschluss zu geben, von Nutzen, einer Zusammenstellung derselben zu erwähnen, welche Descartes selbst in einem Briefe an die Prinzessin Elisabeth von der Pfalz giebt *). „Wir bemerken", sagt er, „dass uns gewisse ursprüngliche Begriffe innewohnen, die uns gleichsam als Originale dienen, nach denen wir unsre übrigen Erkenntnisse bilden. Derartiger Begriffe giebt es aber sehr wenige; denn nächst den allgemeineren Begriffen vom Seienden, der Zahl, der Dauer u. A. haben wir

1) In Bezug auf den Körper nur den Begriff der Ausdehnung, aus welchem die Begriffe der Figur und der Bewegung hervorgehen.
2) In Bezug auf die Seele nur den Begriff des Denkens (Bewusstseins), in welchem die Erkenntnisse des Verstandes und die Neigungen des Willens enthalten sind.
3) In Bezug auf Seele und Körper zugleich nur den

---
*) Epist. P. I. 29.

stellung hinzutritt, um einen bestimmten Zustand dieses Bewusstseins entstehen zu lassen *).

Sonach bleibt das Bewusstsein als solches immer dasselbe, verschieden sind nur die Gegenstände, welche in dasselbe eintreten, und die dadurch hervorgerufenen, bestimmten Zustände dieses Bewusstseins. Diese Gegenstände und soweit auch die Zustände des Bewusstseins werden namentlich je nach dem Grade, in dem sich die Entwickelung des Menschen befindet, entweder höhere oder niedere sein. Niemand wird behaupten, „dass der Geist eines Kindes im Mutterleibe über metaphysische Gegenstände nachdenke; vielmehr, wenn es erlaubt ist, in einer nicht ganz erkannten Sache eine Vermuthung aufzustellen: wir machen die Erfahrung, dass unser Geist so mit dem Körper verbunden ist, dass wir fast immer von demselben leiden, und obwohl ein in einem erwachsenen und gesunden Körper lebender Geist einige Freiheit geniesst, über Anderes nachzudenken, als was ihm gerade von den Sinnen dargeboten wird, so findet sich diese Freiheit doch nicht bei Kranken oder Schlafenden, noch bei Knaben, und sie scheint um so geringer zu sein, je schwächer das Alter ist. Daher ist Nichts der Vernunft angemessener als die Annahme, dass eine Seele, mit dem Körper eines Kindes neu vereinigt, allein beschäftigt sei mit den verworrenen

---

*) Epist. P. II, 6: Ut extensio, quae constituit naturam corporis, multum differt a variis figuris sive extensionis modis, quos induit, ita cogitatio sive natura cogitans, in qua puto mentis humanae essentiam consistere, longe aliud est quam hic vel illo actus cogitandi habetque mens a se ipsa, quod hos vel illos actus cogitandi eliciat, non autem, quod sit res cogitans, ut flamma etiam habet a se ipsa, tanquam a caussa efficiente, quod se versus hanc vel illam partem extendat, non autem quod sit res extensa. Per cogitationem igitur non intelligo universale quid, omnes cogitandi modos comprehendens, sed naturam particularem, quae recipit omnes illos modos, ut etiam extensio est natura, quae recipit omnes figuras. Vergl. Princ. ph. I, 64.

Wahrnehmungen oder Empfindungen der Ideen von Schmerz, Kitzel, Kälte, Wärme und Aehnlichem, welches aus jener Vereinigung oder gleichsam Vermischung herstammt*).

Hiernach scheint das Verhältniss zwischen Geist und Bewusstsein auf Folgendes hinauszulaufen: das Bewusstsein erscheint nicht als stillstehender Punkt in unserem Geiste, an den sich die einzelnen Vorstellungen gleichsam anzusetzen pflegen, sondern vielmehr als eine gewisse Thätigkeit dieses Geistes, in welcher derselbe sich zu einzelnen, in ihm liegenden Vermögen hinwendet und sich mit den durch diese Vermögen dargebotenen Gegenständen beschäftigt. Der höhere oder niedere Grad dieser Vermögen, zu denen sich das Bewusstsein hingewandt hat, scheint auch den höheren oder niederen Grad des Bewusstseins zu bedingen. Das niedrigste Vermögen aber ist die Wahrnehmung oder Empfindung, die selbst wieder verschiedene Grade haben kann, je nachdem sie nämlich mehr oder weniger verworren ist. Die Beschäftigung mit den verworrensten Empfindungen bildet die erste Thätigkeit unseres Bewusstseins; auf dieser Stufe wird das Bewusstsein selbst verworren und unklar erscheinen. Einen höheren Grad wird das Bewusstsein erreichen, wenn seine Thätigkeit von den Empfindungsvermögen sich mehr zurückzieht und sich dem höchsten Vermögen, nämlich dem klar und deutlich zu erkennen, sich zuwendet. Sobald die Thätigkeit des Bewusstseins sich mit diesem Vermögen verbindet, wird als die erste klare und deutliche Erkenntniss die Klarheit und Deutlichkeit des sich seiner selbst bewussten Geistes erfolgen**). Daher kann

---

*) Epist. II, 16.
**) Diese Unterscheidung zwischen Bewusstsein (cogitare) und Erkenntniss (intelligere) erscheint im Sinne Descartes' nothwendig; aber wir können nicht leugnen, dass dieselbe gar häufig verwischt wird. Der Grund liegt in dem Doppelsinn des Wortes cogitare; denn dieses bedeutet bei Descartes bald alle bewusste Thätigkeit

man nach Descartes nicht behaupten, dass der Geist nur
die Fähigkeit habe, bewusst zu werden, dass er aber nicht
immer bewusst sei; denn das Bewusstsein ist immer da,
wenn gleich bald verworrener, bald deutlicher; wohl aber
kann man sagen, der Geist hat die Fähigkeit zu erkennen und aus dieser Fähigkeit zu erkennen entsteht eine
Erkenntniss, wenn das Bewusstsein, das immer in uns
existirt, seine Thätigkeit diesem Vermögen mittheilt *).

unsres Geistes, bald im Besonderen das Nachdenken oder gar Erkennen.

*) Die Thätigkeit, durch welche unser Bewusstsein irgend einen
Gegenstand erfasst, so dass wir desselben bewusst werden, bezeichnet Descartes gewöhnlich durch das Verbum percipere. In Folge
dieser allgemeinen Bedeutung des Wortes percipere versteht er auch
unter perceptio denjenigen Vorgang in unsrem Geiste, durch welchen
das Bewusstsein irgend einen Gegenstand erfasst, mag nun dieser
Gegenstand uns durch die äussere Wahrnehmung oder durch reines
Denken dargeboten sein. Er spricht daher ebenso von einer perceptio cerae (des sinnlich wahrgenommenen Wachses mit seinen
Eigenschaften hart, kalt u. s. w,) wie er die erste Erkenntniss ego
cogito ergo sum eine perceptio nennt (Medit. III S. 15. Vergl.
Princ. ph. I. 8. 12, Medit. II. S. 11 13). Daher kann auch die perceptio bald deutlicher, bald undeutlicher sein. Sie wird um so deutlicher, je mehr ich von den sinnlich wahrgenommenen Eigenschaften
eines Gegenstandes absehe und der wahren, nur durch das eigentliche Denken erkennbaren Natur eines Gegenstandes meine Aufmerksamkeit zuwende. Daher wird die perceptio erst dann eine
clara et distincta geworden sein, wenn alle Gegenstände nur soweit,
als das eigentliche Denken sie uns darbietet, percipirt werden. Vergl.
Medit. II, S. 13: Atqui, quod notandum est, ejus (des Wachses —
ohne seine sinnlich wahrgenommenen Eigenschaften — nur als Substanz gefasst) perceptio non visio, non tactio, non imaginatio est
nec unquam fuit, quamvis prius ita videretur, sed solius mentis
inspectio, quae vel imperfecta esse potest et confusa, ut prius
erat, vel clara et distincta, ut nunc est, prout minus vel magis ad
illa, ex quibus constat, attendo.

2. Angeborene Ideen im Verhältniss zu Bewusstsein und Erkenntniss.

Dies lässt sich sofort auf das Verhältniss der angeborenen Ideen zum Bewusstsein und zur Erkenntniss anwenden. Wir sehen schon die Möglichkeit, dass, gleichwie das Erkenntnissvermögen in uns liegt, noch ehe die Thätigkeit des Bewusstseins dieses Vermögen zur Wirksamkeit gebracht hat, dass ebenso gut auch gewisse Gegenstände der Erkenntniss von Natur aus diesem Geiste eingeprägt sein können, welche aber erst dann klar und deutlich erfasst werden, nachdem das Bewusstsein mit dem Erkenntnissvermögen sich in Verbindung gesetzt hat. Während daher Descartes behauptet, dass der Geist immer actu denke (bewusst sei), so wird er doch nicht behaupten, dass die angeborenen Ideen stets actu in unserem Denken oder Bewusstsein enthalten seien; sondern wie das Erkenntnissvermögen, so sind auch die angeborenen Ideen nur facultate oder potentia in uns enthalten und das stets actu existirende Bewusstsein ist es erst, welches diese Ideen zu actu existirenden Ideen erhebt.

Diese Gedanken gelten dem Descartes als so selbstverständlich, dass er, wie er erzählt, sich des Lachens nicht erwehren kann, wenn er den grossen Haufen von Gründen sieht, den ein Mann mühsam zusammengetragen hat, um zu beweisen, dass die Kinder keine thatsächliche (actualis) Kenntniss von Gott besässen, so lange sie im Mutterleibe wären, gleich als ob Descartes' Lehre dadurch besonders bekämpft werden könnte *). Wenn daher Descartes von angeborenen Ideen redet, so versteht er dies „angeboren" in demselben Sinne, in welchem wir wohl zu sagen pflegen, „dass der Adel gewissen Familien angeboren sei oder Anderen gewisse Krankheiten, wie das Podagra oder der Stein; nicht als ob die Kinder solcher

---

*) Epist. P. I, 99.

Familien im Mutterleibe an diesen Krankheiten litten, sondern weil sie geboren werden mit einer gewissen Geneigtheit oder Anlage, sich jene zuzuziehen" *).

3. Veranlassung zur Erkenntniss angeborener Ideen.

Wie wird aber dies Hervortreten der angeborenen Ideen aus ihrem unbewussten Zustande in den des Bewusstseins ermöglicht? Wir haben hier eine doppelte Art von Ursachen zu unterscheiden: 1) die nächste und ursprüngliche, ohne welche jene Ideen überhaupt nicht existiren können; 2) eine entferntere und zufällige Ursache, welche der ursprünglichen Gelegenheit giebt, ihre Wirkung zu der einen Zeit lieber als zu einer anderen hervorzubringen **). Wird somit eine angeborene Idee erkannt, so ist die nächste Ursache dieser Erkenntniss die in unsrem Denken der potentia nach enthaltene Idee, welche der erkannten Idee die unveränderliche Natur verleiht; die zweite und entferntere Ursache aber liegt in dem Umstande, der uns veranlasste, jener in uns dem Keime nach enthaltenen Idee unsre Aufmerksamkeit zuzuwenden. So könnte z. B. Tradition oder Beobachtung der Dinge die entfernte Ursache sein, welche uns einladet, auf die Idee Gottes, welche dem Keime nach in uns liegt, unsre Aufmerksamkeit zu richten und dieselbe vor das Bewusstsein wie gegenwärtig hinzustellen; nie aber können dieselben die nächste und unmittelbare Ursache dieser Idee sein. Denn die Tradition vermag uns höchstens den Namen Gottes zu überliefern, die Beobachtung aber bietet uns nur körperliche Gestalten dar. Wer also meinen wollte, Tradition oder Beobachtung hätten uns erst den Begriff Gottes gelehrt, der müsste zu-

---

*) Epist. P. I, 99.
*) Epist. P. I, 99.

gleich der Ansicht sein, dass wir in Betreff Gottes überhaupt Nichts weiter erkennen könnten, als von welcher Art sein Name sei oder wie die körperliche Gestalt beschaffen sei, welche die Maler diesem Gotte beilegen *).

Im Uebrigen vermögen wir auch selbst diese entfernte Ursache zu bilden, sofern wir aus eigenem Antriebe Gelegenheiten suchen, um die in uns liegenden Ideen an's Licht zu ziehen und dieselben unsrem Denken geläufig zu machen. Je nach der Verschiedenheit der Ideen werden auch die Mittel verschieden sein, durch welche wir uns diese Ideen geläufig machen. Erinnern wir uns an jene von Descartes selbst gegebene Aufstellung der ursprünglichen Begriffe (S. 46). Von diesen Begriffen werden nach seiner eigenen Erklärung die auf die Seele bezüglichen erkannt durch den reinen Verstand; wir werden daher mit diesen Begriffen vertraut durch metaphysische Untersuchungen, in denen unser Denken geübt wird. Die Begriffe aber, die sich auf den Körper beziehen, wie die der Ausdehnung, Gestalt, Bewegung, können zwar durch den reinen Verstand schon erkannt werden; aber weit besser geschieht ihre Erkenntniss durch den reinen Verstand in Verbindung mit der Anschauung; dazu dient aber das Studium der Mathematik. Was endlich den Begriff der Verbindung zwischen Seele und Körper betrifft, so wird dieser Begriff uns geläufig weit weniger durch den reinen Verstand, oder durch die mit dem Verstand verbundene Anschauung, als vielmehr durch unsre Empfindungen. Dazu dient demnach am besten das Leben selbst, namentlich wenn man sich des Nachdenkens und der Anschauung gänzlich enthält**).

Dass aber eine Idee, die auf solche Weise willkürlich durch uns aus unsrem Innern hervorgeholt wird, doch nicht willkürlich von uns gebildet, sondern angeboren sei,

---

*) Epist. P. I, 99.
**) Epist. P. I. 30.

wird, abgesehen von der jener Idee eigenthümlichen Beschaffenheit, auch durch das Gefühl bestätigt, das uns bei ihrer Kenntnissnahme überkommt. Denn „die Wahrheit jener Ideen liegt so offen vor uns und entspricht so ganz unserer Natur, dass wir bei ihrer ersten Entdeckung doch nicht glauben etwas Neues hinzuzulernen, sondern wir meinen vielmehr uns einer Sache, die wir schon vorher wussten, nur zu erinnern, oder auf Etwas unsere Aufmerksamkeit zu lenken, was schon längst in uns war, wenn wir gleich unseren Blick nicht darauf gerichtet hatten *)."

4. Vollständigkeit der Erkenntniss angeborener Ideen.

Wenn aber auch auf diese Weise die angeborenen Ideen zu unserer Kenntniss gebracht werden, woran kann man prüfen, ob eine solche Idee auch vollständig erkannt sei? Die Eigenthümlichkeit aller angeborenen Ideen lag in der wahren und unveränderlichen Natur derselben. Habe ich nun eine Idee erkannt und zwar so, dass ich weder etwas zu derselben hinzufügen noch von ihr etwas hinwegnehmen kann, so habe ich diese Idee vollständig erkannt. Da aber jede Idee ein abgeschlossenes Gebiet für sich einnimmt, so darf, damit ich nichts hinzufügen oder wegnehmen kann, auf diese Idee auch nichts übertragen werden, was einer anderen zukommt. Daher wird in Bezug auf angeborene Ideen alle wahre Erkenntniss darin zu suchen sein, dass wir diese Ideen richtig von einander zu unterscheiden wissen, aller Irrthum dagegen darin, dass wir der einen etwas zuertheilen, was einer anderen zukommt**). Daraus ist zugleich wieder

---

*) Medit. V. S. 31.
**) Epist. P. I, 29: Adverto insuper totam hominum scientiam in

ersichtlich, wie der eine Begriff nicht durch den anderen erklärt oder einer von dem anderen unterschieden werden könne.

Wenn aber auch auf solche Weise die einzelne Idee vollständig erkannt werden kann, wie steht es dann um die Möglichkeit, die Reihe der angeborenen Ideen vollständig herzustellen?

Dass Descartes weit davon entfernt war, eine absolute Vollständigkeit der Reihe der angeborenen Ideen geben zu wollen, haben wir schon gesehen. Welches aber sind die Bedingungen, unter welchen wenigstens eine relative Vollständigkeit dieser Reihe erreicht werden kann?

Ist die Erkenntniss einer angeborenen Idee nur durch klare und deutliche Einsicht möglich, so wird auch die Kenntniss, die der einzelne Mensch von diesen Ideen besitzt, nur soweit reichen, als seine klare und deutliche Einsicht reicht. Nun ist aber die Aufmerksamkeit gar vieler Menschen durch die sinnlichen Wahrnehmungen und Empfindungen gänzlich gefesselt; viele dagegen, die wohl denken könnten, sind doch durch Vorurtheile so geblendet, dass sie ganz anders zu urtheilen pflegen, als eine klare und deutliche Einsicht es mit sich bringen würde. Trotzdem daher Alle die Idee Gottes, wenn gleich unentfaltet, in sich tragen, so mag es doch geschehen, dass sie nie in ihrem Leben auf dieselbe aufmerksam werden, selbst dann nicht, wenn sie zum tausendsten Male die Meditationen des Descartes gelesen hätten*). Da aber Alle diese Ideen, wenn gleich unentwickelt, in sich tragen und da es im Grunde stets die verworrenen, sinnlichen Empfindungen sind, durch die gewisse Menschen von dem freien Gebrauche ihres Denkvermögens abgehalten werden, so ist kein Zweifel, dass solche Menschen,

---

hoc uno positum esse, ut hae notiones recte distinguantur, ita ut non tribuatur illarum quaelibet nisi rebus iis, ad quas pertinet.
*) Epist. P. II. 16, S. 89.

wie z. B. die kleinen Kinder, wenn man ihre Seele von den Banden des Körpers erlöst hätte, diese Ideen in sich vorfinden würden *).

Stellen wir die Resultate dieses Abschnittes kurz zusammen. Jenes Dilemma wird von Descartes in zwei Puncten durchbrochen: die Gegner hatten zuerst behauptet: Wenn der Geist immer denkend (bewusst) ist, so müssen die angeborenen Ideen auch immer gedacht (bewusst) sein.

Dagegen trennt Descartes das Bewusstsein von den einzelnen Arten des Bewusstseins. Diese einzelnen Arten aber werden hervorgerufen durch die verschiedenen Vermögen, mit denen sich das Bewusstsein verbinden kann. Wie aber das Vermögen zu erkennen angeboren ist, so können es auch gewisse Ideen sein, welche durch dieses Vermögen erkannt werden, und wie jenes Vermögen in uns liegt, auch wenn es nicht mit Bewusstsein ausgeübt wird, so können auch jene Ideen in uns liegen, ohne dass sie bewusst zu sein brauchen. — Die andere Behauptung der Gegner hatte gelautet: Wenn der Geist nicht immer denkt, sondern nur die Fähigkeit zum Denken in sich trägt, dann giebt es auch nicht gewisse, diesem Geiste angeborene Ideen, sondern alle seine Ideen werden erst erworben, sobald seine Fähigkeit zu denken sich entwickelt.

Dagegen behauptet Descartes: Wenn auch die Fähigkeit, zu erkennen, sich erst entwickelt, so werden doch die Ideen, welche erkannt werden, durch diese ihre Erkenntniss nicht erst geschaffen, sondern nur entfaltet, und müssen sonach schon vorher, wenn auch nur dem Keime nach, in uns existirt haben.

Somit giebt Descartes stets die Voraussetzungen seiner Gegner zu, wenn man nämlich das Denken in der ersten Voraussetzung als Bewusstsein, in der zweiten als

---
*) Epist P. II, 16. S. 86.

Erkennen fasst; aber er bestreitet stets die aus den Voraussetzungen gezogenen Schlüsse; der Grund aber, warum er die Gültigkeit der Schlüsse bestreitet, liegt darin, dass die Gegner in ihren Voraussetzungen Bewusstsein und Erkenntniss stets verwechseln. — Nach den jetzt gewonnenen Resultaten können wir die oben gewonnenen Kennzeichen aller angeborenen Ideen dahin vervollständigen: Diejenigen Ideen sind angeboren, welche

1) nicht von Gegenständen ausser uns entnommen sind, sondern aus der in uns enthaltenen **Fähigkeit zu denken** hervorgehen,
2) welche, wenn sie gleich aus unserem Denken hervorgehen, doch aus demselben hervorgehen nicht in einer von der Willkür unseres Denkens bestimmten Form, sondern mit einer von dieser Willkür gänzlich unabhängigen, ihnen eigenthümlichen und ursprünglichen Natur.

Diese eigenthümliche Natur, die dem Keime nach in uns enthalten ist, bezieht sich nicht allein auf eine in unserem Denken enthaltene, ursprüngliche und gesetzmässig bestimmte Form, die etwa auf einen gewissen, nicht angeborenen Vorstellungsinhalt übertragen werden könnte, sondern dieselbe umfasst nach der Vorstellungsweise Descartes' Inhalt und Form dieser angeborenen Ideen zu gleicher Zeit.

Man könnte zuletzt im Anschluss an die Gleichstellung der Ausdrücke „angeboren" und „von Natur eingegeben oder eingeprägt" noch die Frage aufstellen, von wem diese Ideen unserem Geiste eingeprägt worden seien. Dass die Idee Gottes von diesem Gotte selbst herrühre, ist selbstverständlich; denn darauf beruht ja gerade der Beweis für das Dasein Gottes, also auch der Beweis für die Wahrheit der in uns enthaltenen Idee Gottes. Woher die übrigen Ideen kommen, diese Frage wird keiner Untersuchung gewürdigt. Sofern Descartes die Menschen als Geschöpfe Gottes ansieht, mag er auch Gott als den Urheber dieser Ideen betrachtet haben; aber dies würde höchstens in eine Theologie Descartes' gehören. Für den Philosophen Descartes genügt es, die Ursprünglichkeit dieser Ideen aus der ihnen eigenthümlichen Natur dargethan zu haben. Demnach haben wir die Bezeichnungen „angeboren" oder „von Natur aus eingegeben" nicht als streng wissenschaftliche Ausdrücke zu fassen, als ob dieselben den transscendenten Ursprung dieser Begriffe andeuten sollten, sondern vielmehr als dichterische Ausdrücke, die ihrer Kürze wegen am bequemsten das bezeichneten, was für Descartes und seine Freunde kaum einer Auseinandersetzung bedurfte.

V.
Die angeborenen Ideen und das Erkenntnissproblem.

Nachdem wir die angeborenen Ideen, ihr Wesen und ihren Ursprung kennen gelernt, bleibt uns noch eine Aufgabe übrig, nämlich die gewonnenen Resultate mit den ersten Voraussetzungen Descartes' in Verbindung zu setzen und nachzusehen, inwiefern das im Anfang aufgestellte Problem seine Lösung gefunden habe.

1. Die angeborenen Ideen und das Kennzeichen aller Wahrheit.

Die Zweifel des Descartes stützten sich auf die Unsicherheit in den Vorstellungen selbst und auf die Unsicherheit, welche durch das Schwanken unseres persönlichen Zustandes und durch die Willkür unseres Denkens auf die Vorstellungen übertragen wurde. Daher lautete die erste Frage: Giebt es eine sichere, gegenständliche Erkenntniss? Sollte eine Vorstellung über allen Zweifel erhaben sein, so musste sie in sich durchaus gewiss und durch diese ihre innere Gewissheit von uns selbst und unsrem persönlichen Bedenken gänzlich unabhängig erscheinen. Aus der ersten Erkenntniss, die diesen Bedingungen entsprach, leitete Descartes den Grundsatz ab, dass Alles wahr sei, was wir klar und deutlich einsehen.

Eine klare und deutliche Vorstellung aber war eine solche, „die durchaus offen vor unsrem Geiste lag und von allen übrigen Vorstellungen auf das Bestimmteste unterschieden war". Daher bedurfte eine Vorstellung, um klar und deutlich zu sein, einer durchaus selbstständigen von den übrigen Vorstellungen unabhängigen Natur. In dieser ihrer Unabhängigkeit, also getrennt von allen übrigen, gleichsam durch sich selbst musste eine Vorstellung von unsrem Geiste erfasst werden können, wollte sie auf Wahrheit Anspruch machen. Sonach waren die Ausdrücke Klarheit und Deutlichkeit nur eine Umschreibung für jene anderen Bedingungen, die wir schon in Folge der ersten Zweifel für die Wahrheit einer Vorstellung aufstellten, nämlich dass dieselbe in sich selbst so gewiss sei, dass sie auch von uns in dieser Gewissheit nicht gestört werden könne. Nun unterlagen aber alle uns von aussen zugeführten Vorstellungen jener Unsicherheit, die uns gleich Anfangs zum Zweifel trieb; folglich konnten die klaren und deutlichen Vorstellungen nicht von aussen zugeführt sein, sondern sie mussten ihren Ursprung in uns haben; sollten sie aber ihren Ursprung in uns haben, so mussten sie doch, um klar und deutlich zu sein, von der Willkür und Unsicherheit unsrer Person gänzlich unabhängig, d. h. sie mussten in einer ihnen eigenthümlichen selbstständigen Form erscheinen.

Wir sehen daraus, dass die Kennzeichen einer klaren und deutlichen und die einer angeborenen Idee dieselben

Begriff ihrer Verbindung, von welchem der Begriff jener Fähigkeit abhängt, durch welche die Seele im Stande ist, den Körper zu bewegen und ebenso der Begriff jener Fähigkeit, welche dem Körper innewohnt, um auf die Seele zu wirken, indem er nämlich die Gefühle und Leidenschaften derselben hervorruft".

In dieser Aufzählung fehlt der Begriff Gottes und es wird ein neuer Begriff eingeführt, der Begriff der Verbindung von Seele und Körper; warum Beides geschieht, dürfte unten seine Erklärung finden.

Von diesen Begriffen gilt ein jeder an und für sich als ursprünglich. Es ist also auch hier, wie bei den formalen Principien zur Erkenntniss, unmöglich, einen obersten Begriff zu finden, aus dem alle übrigen abgeleitet werden könnten. Demnach muss bei Beiden darauf verzichtet werden, eine absolute Vollständigkeit ihrer Aufzählung zu erreichen. Aber bei jenen Principien war auch nicht der geringste Anhaltepunkt gegeben, um wenigstens mit relativer Sicherheit ihre Reihe vollzählig zu machen und zuletzt war es stets als ein glücklicher Zufall zu preisen, wenn uns einmal im Laufe der Erfahrung ein unmittelbar gewisser Satz ins Bewusstsein trat. Bei den angeborenen Ideen als Vorstellungen wirklicher Gegenstände aber ist wenigstens ein Anhaltepunkt gegeben in den Vorstellungen, welche unsere Seele erfüllen. Diese werden geprüft und je nach Wahrheit und Ursprung gesondert. Man könnte hier wohl fragen, ob von Descartes denn auch alle unsere Vorstellungen geprüft und ob aus all' den geprüften auch stets die angeborenen abgesondert seien. Dem gegenüber müssen wir bedenken, dass es weniger in der Absicht Descartes' lag, sämmtliche angeborenen Ideen einzeln aufzusuchen und an's Licht zu stellen, als vielmehr ein bestimmtes Kennzeichen zu finden, an dem diese Ideen erkannt werden könnten, und im Allgemeinen die Gebiete zu entdecken, auf denen sie zu finden sein möchten, damit ein Jeder in

Stand gesetzt würde, die Reihe der angeborenen Ideen selbstständig zu ergänzen*).

Lassen wir aber auch jene obigen Fragen im Sinne Descartes' unbeantwortet, so bleibt doch noch eine Frage zu lösen übrig. Descartes will die Reihe der angeborenen Ideen nicht absolut vollständig geben; damit weist er darauf hin, dass es auch angeborene Ideen geben könne, die noch nicht erkannt seien. Hier müssen wir fragen: Wo sind diese angeborenen Ideen, so lange sie nicht erkannt sind? Wo waren die Ideen, die wir erkannt haben, ehe wir zu ihrer Kenntniss gelangten? Indem wir im Sinne Descartes' diese Fragen zu lösen suchen, betreten wir ein Feld, das schon zu Descartes' Zeit gar vielen Angriffen ausgesetzt gewesen ist.

IV.
Angeborene Ideen und die Erkenntniss derselben.

Die Haupteinwände, welche gegen Descartes' Lehre von den angeborenen Ideen erhoben worden sind, gipfeln in folgendem Dilemma:

Es giebt keine angeborenen Ideen, denn

Entweder unser Geist ist immer denkend (bewusst), dann müssen auch die angeborenen Ideen immer gedacht (im Bewusstsein) sein. Dem wider-

---

*) Dem entspricht folgende Aufzählung, die auch der von uns gegebenen Darstellung am Meisten entspricht: Epist. P. II, 54: Aliae ideae sunt innatae, ut idea Dei, mentis, corporis, trianguli et generaliter omnes, quae aliquas essentias veras, immutabiles et aeternas repraesentant.

spricht die Erfahrung, welche lehrt, dass die kleinen Kinder nicht die geringste Kenntniss von Gott haben.

Oder der Geist ist nicht immer denkend, er hat also nur die Fähigkeit zu denken; in diesem Falle sind dem Geiste nicht gewisse Ideen angeboren, sondern er hat nur die Fähigkeit, sich Ideen zu erwerben.

Diese Einwände scheinen sich fast von selbst darzubieten. Wir dürfen uns daher nicht wundern, wenn sie sofort gegen Descartes geltend gemacht wurden. Aber eben desshalb fehlt es bei Descartes auch nicht an schlagenden Stellen, in denen er jene Einwände zurückweist.

Diese Einwände sind nicht hergenommen aus der Natur der angeborenen Ideen selbst, sondern vielmehr aus dem Verhältniss derselben zu ihrer Erkenntniss. Sehen wir daher zu, wie sich Descartes dies Verhältniss gedacht hat.

1. Geist, Bewusstsein, Erkenntniss.

Das wesentliche Merkmal des Geistes besteht im Denken, wie das des Körpers in der Ausdehnung besteht. Wie die Natur des Körpers aufgehoben werden würde, wollte man ihm die Ausdehnung nehmen, ebenso würde auch die ganze Natur des Geistes aufgehoben werden, wollte man das Denken von demselben abtrennen. Daraus folgt, dass, wo immer ein Geist existire, derselbe denken müsse.

Was ist aber unter diesem Denken zu verstehen? Wo immer das Denken als Attribut des Geistes auftritt, bedeutet es das Bewusstsein. Dies haben wir also auch hier darunter zu verstehen. Daher behauptet Descartes, dass der Geist des Menschen, wo er auch sein möge, bewusst sei. Mit dem Bewusstsein ist aber nicht zugleich die Erinnerung an dies Bewusstsein gegeben. Denn wer möchte behaupten, dass er sich jedes Augenblickes erinnern könne, in dem er bewusst gewesen ist. Sollte es daher auch eine Zeit in unserem Leben gegeben haben, in welcher bewusst gewesen zu sein, wir uns nicht erinnern können, so folgt daraus doch nicht, dass wir in Wirklichkeit zu jener Zeit nicht bewusst gewesen seien*).

Wenn aber auch das Bewusstsein als solches immer dasselbe ist, so ist doch dieses Bewusstsein durchaus verschieden von dem oder jenem Zustande des Bewusstseins, gerade so wie die Ausdehnung verschieden ist von den mannigfaltigen Arten der Ausdehnung oder Figuren, in welchen die Erstere sich zeigt. Dass der Geist bewusst sei, ist ihm von vornherein gegeben; dass aber der Geist in diesem oder jenem Zustande des Bewusstseins sich befinde, hängt von ihm selber ab. Wir dürfen daher nicht meinen, als ob mit dem Bewusstsein auch alle einzelnen Zustände des Bewusstseins gegeben seien, ebensowenig wie mit der Ausdehnung als solcher auch alle Gestalten und Grössen gegeben sind; sondern wie die Ausdehnung erst die verschiedenen Arten der Ausdehnung in sich aufnimmt, so nimmt auch das Bewusstsein die verschiedenen Arten des Bewusstseins in sich auf. Desshalb ist das Bewusstsein nicht zu denken als ein allgemeines Wesen, welches die einzelnen Arten des Bewusstseins von Anfang an schon in sich schlösse, sondern vielmehr als ein Einzelwesen, zu dem erst die einzelne Vor-

---

*) Epist. P. II, 16: Nec sine ratione affirmavi, animam humanam, ubicunque sit, etiam in matris utero, semper cogitare: nam quae certior aut evidentior ratio ad hoc posset optari, quam quod probarim ejus naturam sive essentiam in eo consistere, quod cogitet, sicut essentia corporis in eo consistit, quod sit extensum: neque enim ulla res potest unquam propria essentia privari: nec ideo mihi videtur ille magis audiendus, qui negat animam suam cogitasse iis temporibus, quibus non meminit se advertisse ipsam cogitasse, quam si negaret etiam corpus suum fuisse extensum, quamdiu non advertit illud habuisse extensionem.

sind und dass Descartes, wenn er seinen Grundsatz, nur das klar und deutlich Erkannte für wahr zu achten, aufrecht erhalten wollte, zuletzt nur die angeborenen Ideen als wahre gelten lassen konnte. Da nun aber jener Grundsatz alle Untersuchungen Descartes' völlig beherrscht, so dürfen wir auch behaupten, dass die Lehre von den angeborenen Ideen nicht eine nebensächliche Bedeutung für sein System hat, sondern dass ihr vielmehr die vorzüglichste Stelle in diesem Systeme gebührt. Wir können daher eben so gut behaupten, dass ohne die Lehre von den angeborenen Ideen das System des Descartes überhaupt nicht verstanden werden könne.

2. Die Idee Gottes im Vergleich mit den übrigen angeborenen Ideen.

Ist aber diese durch sich selbst gewisse, abgeschlossene Natur auch an jeder der Ideen nachgewiesen worden, welche als angeboren bezeichnet wurde? Die Natur der angeborenen Ideen stützte sich auf eine gewisse gesetzmässige Bestimmtheit unsres Denkvermögens, nach der eine Idee gerade so und nicht anders gedacht werden musste. Stützen sich alle angeborenen Ideen auf diese Grundlage in unsrem Denken und werden auch alle, allein dieser Grundlage wegen, als angeboren betrachtet?

Der Gegenstand einer Idee, die sich auf diese Grundlage stützte, existirte. Er existirte in uns, denn die Grundlage, auf die er sich stützte, war allein in uns enthalten. Ob derselbe Gegenstand auch ausser uns existire, konnte nicht erwiesen werden und blieb dahingestellt. Folglich war die Existenz des Gegenstandes in uns das Erste, was unzweifelhaft gefunden wurde; seine Existenz ausser uns erst das Zweite, was ausserdem zweifelhaft blieb. Nur eine einzige Idee macht hiervon eine Ausnahme, die Idee Gottes. Der Gegenstand dieser Idee soll durchaus nicht in uns, sondern nur ausser uns existiren. Demnach muss sich die Idee Gottes auf eine andere Grundlage stützen, als alle übrigen angeborenen Ideen. Dass die Idee Gottes nicht von aussen empfangen, noch von uns willkürlich gebildet sei, wurde nicht dadurch begründet, dass dieser Idee eine nothwendige, gesetzmässig bestimmte Natur zukomme, sondern vielmehr dadurch, dass diese Idee so gross sei, dass sie nur von diesem Gotte selbst herstammen könne. Während also alle übrigen angeborenen Ideen eine gewisse Fähigkeit unsres Geistes, diese Ideen in gesetzmässiger Weise zu bilden, als erste und unmittelbare Ursache ihrer Entstehung voraussetzen, der gegenüber alle übrigen Ursachen nur in zweiter Linie und von nebensächlicher Bedeutung erscheinen können, ist bei der Idee Gottes vielmehr eine transscendente Ursache der erste und unmittelbare Grund, die Fähigkeit in unsrem Denken aber, diese Idee Gottes in einer bestimmten Weise zu bilden (wenn von derselben überhaupt die Rede wäre), könnte nur als das Mittel angesehen werden, durch welches jene erste Ursache ihre Wirkung auf uns ausüben will. Die klare und deutliche Einsicht einer Idee bestand aber in Nichts weiter als in der Erkenntniss einer gewissen, unveränderlichen Natur, die dem Gegenstande dieser Idee zukam. Nun stützt sich aber die Idee Gottes nicht unmittelbar auf diese Natur, sondern auf eine Ursache, durch welche jene Natur erst hervorgerufen werden soll. Folglich kann diese Idee den Satz, dass Alles wahr sei, was wir klar und deutlich erkennen, nicht zur Voraussetzung, sondern höchstens zur Folge haben. Nun leitet Descartes doch alle Erkenntniss erst von diesem Satze ab. Daraus ergiebt sich, dass in dem cartesianischen Beweis für das Dasein Gottes irgend ein Fehler liegen muss, der mit der Lösung des Erkenntnissproblems in unmittelbarem Zusammenhang stehen muss.

3. Die Idee Gottes und das Kennzeichen aller Wahrheit.

Dieser Fehler findet sich im Anfang der Untersuchungen. Descartes beweist das Dasein Gottes, indem er sich auf einen klar und deutlich eingesehenen Satz, nämlich den vom zureichenden Grunde, stützt. Dieser Gott aber soll, wie wir gesehen haben, doch nur dazu dienen, den Satz, dass das klar und deutlich Erkannte wahr sei, zu stützen. Denn er spricht ja ausdrücklich aus, dass ohne einen untrüglichen Gott auch das am deutlichsten Eingesehene falsch sein könne, sofern wir ja auch darin von einem mächtigen Betrüger getäuscht werden könnten.

Dieser Zirkelschluss Descartes' liegt so klar am Tage, dass es ein Wunder gewesen wäre, hätte man denselben in den Einwürfen gegen die Meditationen nicht aufgegriffen. Descartes sucht diesem Einwurfe dadurch zu entgehen, dass er erwiedert, jene Möglichkeit einer übernatürlichen Täuschung beziehe sich nicht auf eine notitia principiorum, sondern nur auf die scientia, d. h. nicht auf die Erkenntnisse, die unmittelbar gewiss seien, sondern nur auf das, was erst durch Ableitung aus gewissen Voraussetzungen als wahr erkannt sei*). Doch ist damit jener Einwand nicht widerlegt. Denn wollte Descartes in der That alle Wahrheiten, die durch sich selbst gewiss, also nicht abgeleitet sind, von der Möglichkeit einer übernatürlichen Täuschung ausschliessen, dann wären ja zuletzt sämmtliche angeborene Ideen davon ausgenommen; denn diese sind durch sich selbst gewiss und nicht abgeleitet. Da es aber durchaus nicht in der Absicht Descartes' liegt, diese Ideen von der Möglichkeit jener Täuschung auszuschliessen — wie er denn die Möglichkeit einer übernatürlichen Täuschung gerade gegen die Wahrheit angeborener Ideen, z. B. der Ideen der Mathematik,

---

*) Resp. ad II. Obj. S. 74.

geltend macht — so muss diese Möglichkeit auch auf alle Erkenntnisse überhaupt angewandt werden und somit bleibt jener Zirkelschluss bestehen.

Soll aber das System Descartes' in sich klar und ohne Widersprüche sein, so muss dieser Zirkelschluss aufgelöst werden. Dies ist auf doppelte Weise möglich. Entweder wir stellen von vornherein den Begriff Gottes an die Spitze und leiten aus ihm das Kennzeichen aller Wahrheit ab, oder wir gehen unmittelbar von dem Satze aus, dass Alles, was wir klar und deutlich einsehen, wahr sei und wenn sich im Laufe der Untersuchung ein Beweis für das Dasein Gottes bieten sollte, so nehmen wir ihn an, aber eine Bedeutung für unsere Erkenntniss kann ihm dann nicht mehr beigelegt werden.

Es entspricht ganz dem Genie des Descartes, sein System nicht einfach aufzustellen, sondern dasselbe auch bis in seine einzelnen Consequenzen hinein zu verfolgen. Obwohl Descartes jenes Zirkelschlusses sich nicht völlig bewusst geworden zu sein scheint, so hat er doch beide Wege eingeschlagen, welche gerade jenen Zirkelschluss zu vermeiden suchen. Sehen wir zu, welchen Einfluss jeder der beiden Wege auf seine Lehre von den angeborenen Ideen ausübt.

4. Lösung des Erkenntnissproblems von der Idee Gottes aus.

Schlagen wir den ersten Weg ein. Wir stellen den Begriff Gottes an die Spitze aller Erkenntniss. Dann tritt dieser Gott in alle die Pflichten ein, welche ihm seinem Wesen nach in Bezug auf unsere Erkenntniss gebühren. Dieser Gott ist wahrhaftig; desshalb hat er uns sicher ein Erkenntnissvermögen gegeben, bei dessen rechtem Gebrauche wir nicht irren können. Dieser Gott aber ist zugleich allmächtig; daher kann er auch alle Dinge so bewirken, wie wir dieselben klar und deutlich einsehen.

Unter dieser Voraussetzung aber verliert das Vermögen, klar und deutlich einzusehen oder, was dasselbe ist, die Fähigkeit, gewisse von Natur aus in uns liegende Ideen zu erkennen, seinen ursprünglichen Werth. Denn jetzt ist es weniger die wahre und unveränderliche Natur unsrer Vorstellungen, welche uns die Existenz der durch sie bezeichneten Gegenstände beweist, als vielmehr die Allmacht Gottes, welche sicherlich die Gegenstände auch so herstellt, wie dieselben in unsren Vorstellungen sich klar und deutlich darbieten. Jetzt brauchen wir uns nicht mehr mit der bescheidenen Behauptung zu begnügen, jene Gegenstände müssten ihrer eigenthümlichen Natur wegen wenigstens in uns existiren; denn der allmächtige Gott vermag ja auch die Dinge ausser uns so herzurichten, wie wir dieselben uns in unserm Geiste vorstellen. Nun könnte es aber auch ausser jenen durch sich selbst gewissen Vorstellungen solche geben, denen jene ewige und unwandelbare Natur fehlt, die sich aber doch unsrem Geiste so aufzuzwingen scheinen, dass wir es kaum vermeiden können, sie als wahr anzunehmen. Wenn diesen Vorstellungen auch die Klarheit und Deutlichkeit fehlen würde, so würde ihnen doch eine grosse Neigung zur Seite stehen, die uns treibt, sie als wahr zu betrachten. Nach unseren früheren Grundsätzen würden wir solche Vorstellungen wenig beachtet haben; jetzt aber gilt uns ein wahrhaftiger und gütiger Gott als Ausgangspunkt für alle Erkenntniss. Von diesem Standpunkte aus ist der Schluss leicht gethan: ein solcher Gott würde uns doch eine derartige Neigung nicht eingegeben haben, wenn dieselbe uns nicht zur Wahrheit führen sollte. Auf diese Weise kommt Descartes in seinen Hauptschriften dazu, aus einer grossen Neigung unsres Innern, die Existenz einer Körperwelt ausser uns anzunehmen, das wirkliche Dasein dieser Körperwelt zu begründen.

Auf diesem Wege aber ist der Grundsatz, dass nur das klar und deutlich Erkannte wahr sei, verlassen und die angeborenen Ideen erscheinen nicht als die einzige Art von Erkenntnissen, sondern nur als eine höhere Art derselben, die sich von allen übrigen Vorstellungen nur durch einen höheren Grad der Deutlichkeit unterscheidet. Zu gleicher Zeit aber ist die natürliche Abgeschlossenheit unsrer inneren Vorstellungswelt, die nach den ersten Grundsätzen des Descartes sich von selbst ergab, auf übernatürliche Weise durchbrochen und ein künstlicher Zugang geöffnet zu einer Aussenwelt, die selbst erst wieder einer übernatürlichen Erschaffung bedarf, um überhaupt für unser Denken existiren zu können.

Der Umstand, dass hier unter dem Lichte, welches die Dazwischenkunft Gottes in unsre Erkenntniss wirft, die angeborenen Ideen nothwendig verbleichen, und dass diese Darstellungsweise gerade in den Hauptschriften Descartes' sich findet, mag der Grund gewesen sein, warum in den Darstellungen der cartesianischen Philosophie den angeborenen Ideen gar häufig nur eine beiläufige Erwähnung geworden ist. Ebendaraus ist auch die Behandlung erklärlich, welche die angeborenen Ideen bei denen gefunden haben, die das System Descartes' weiter zu bilden suchten.

Wenn nämlich alle Erkenntniss zuletzt ihren Grund in Gott hat, so sieht man kaum ein, wesshalb unter den erkannten Ideen noch ein Unterschied gemacht werden solle zwischen solchen, welche uns von Natur und solchen, welche uns nicht von Natur eingepflanzt sind. Denn in diesem Falle wären folgende Ansichten die natürlichsten: entweder alle Ideen sind angeboren, d. h. von Gott uns ursprünglich eingegeben oder es giebt überhaupt keine angeborenen Ideen, sondern alle Ideen werden, wenn sie in unser Bewusstsein treten, von Gott unmittelbar hervorgerufen. Dieser Weg ist nach Descartes eingeschlagen worden und hat zur Auflösung der Lehre von den angeborenen Ideen geführt.

Aber es wäre doch wunderbar, wenn ein Philosoph,

wie Descartes, der so tiefe Blicke in die Natur unsrer Erkenntniss wirft, zuletzt sich damit begnügt haben sollte, an einen Deus ex machina zu appelliren. Seiner Methode der Selbstbeobachtung entspricht es weit mehr, auf eine übernatürliche Vermittlung Gottes zu verzichten und die natürlichen Bedingungen zu suchen, durch welche eine Erkenntniss zu Stande gebracht wird. Es fehlt uns nicht an Stellen, um zu beweisen, wie Descartes sich die Lösung des Erkenntnissproblems ohne jene Vermittlung Gottes gedacht hat.

5. Die Lösung des Erkenntnissproblems auf natürlichem Wege.

Schlagen wir daher den zweiten Weg ein, indem wir unmittelbar von dem Satze ausgehen, Alles sei wahr, was wir klar und deutlich erkennen. Halten wir nur das für wahr, was sich nach diesem Grundsatze als wahr erweist, ohne nach einer absoluten Wahrheit zu streben, so brauchen wir uns vor der Möglichkeit einer übernatürlichen Täuschung nicht allzusehr zu fürchten. Denn gesetzt auch, wir würden getäuscht, so liesse sich doch vielleicht in dieser Täuschung selbst eine gewisse Gesetzmässigkeit nachweisen, nach welcher dieselbe vor sich geht; wenn wir dann nur richtig nach diesen Gesetzen der Täuschung unsere Erkenntnisse bilden, so können wir uns getrost auf diese Erkenntnisse verlassen; denn ob wir das so Erkannte Täuschung oder Wahrheit nennen, ist im Grunde gleichgiltig. Nun besteht ja aber die klare und deutliche Einsicht einer Vorstellung in der Erkenntniss der gesetzmässig bestimmten Natur derselben; und eine solche Natur wurde gerade an den angeborenen Ideen nachgewiesen. Wir werden daher, selbst wenn wir getäuscht würden, diese Ideen für wahr halten können.

Sofern daher Descartes nach einer absoluten Wahrheit strebt (und diese scheint er allerdings nach den ersten

Zweifeln zu suchen), kann ihm stets die Möglichkeit einer
übernatürlichen Täuschung entgegengehalten werden und
will er diese Möglichkeit durch den Begriff Gottes entfernen, so wird jener Zirkelschluss unvermeidlich. Versteht er aber unter wahrer Erkenntniss nichts weiter als
eine Erkenntniss, die nach den Gesetzen unsres Denkens
richtig vor sich gegangen ist, so vermag auch jene Möglichkeit einer Täuschung ihn in seinen Resultaten nicht
irre zu machen. Daher ist es ihm, bei dieser Auffassung
der Wahrheit, gestattet, unmittelbar von dem Kennzeichen
der Wahrheit aus seine angeborenen Ideen aufzustellen
und trotz des Zirkelschlusses bleibt die Geltung derselben
fest bestehen *).

Wenn wir aber nur das für wahr halten, was wir
klar und deutlich erkennen, d. h. dessen Natur wir fest
und unwandelbar in uns angelegt finden, so werden wir
bei aller Erkenntniss stets nur Gegenstände erhalten, die
in uns existiren; aber von einer klaren und deutlichen
Erkenntniss ausser uns befindlicher Gegenstände kann
keine Rede mehr sein. Wenn daher von diesem Stand-

---

*) Dass Descartes nach seinen ersten Zweifeln nach einer absoluten, auch über die Möglichkeit einer übernatürlichen Täuschung
erhabenen Wahrheit gesucht habe, scheint aus seinem dortigen Gebahren genügend hervorzugehen; dass er aber im Uebrigen unter
einer wahren Vorstellung nicht eine für alle Ewigkeit gültige, sondern nur eine nach den Gesetzen unsres Denkvermögens richtig gebildete verstanden habe, scheint aus folgender Erklärung hervorzugehen. Man hatte gegen seine vermeintliche Behauptung, dass klar
und unzweifelhaft immer dasjenige sei, was um so sicherer sich
darbietet, je häufiger man es betrachtet, erwiedert: Dieses „Immer"
könne ja die Ewigkeit bedeuten und diese Ewigkeit habe er doch
nicht durch Erfahrung kennen gelernt (Epist. P. II, 15). Darauf
entgegnet D.: Die Stelle, wo das angeführte Wort „immer" von ihm
hinzugefügt sei, wisse er nicht; sed scio, cum dicimus aliquid a
nobis semper fieri, per hoc semper non solere significari aeternitatem,
sed tantummodo omnes vices, quibus occasio occurrit, ut id faciamus (Epist. P. II, 16).

punkte aus eine consequente Aufstellung der angeborenen Ideen versucht wird, so muss die einzige Idee, die einen Gegenstand ausser uns bezeichnete, wegfallen, und man wird sich bemühen, den übrig gebliebenen Ideen einen unserer Natur entsprechenden Abschluss zu geben. Nun bestanden aber die vornehmsten angeborenen Ideen, an die sich die übrigen erst anschlossen, in denen des Denkens und der Ausdehnung. Beide standen selbstständig und unabhängig neben einander; gemeinsam war ihnen nur, dass sie beide in uns lagen. Daher sind wir es, die wir die Vereinigung beider bilden; diese Vereinigung aber auf einen Begriff erhoben, giebt die Idee der Verbindung zwischen Seele und Körper. Diese Idee muss, soll sie wahr sein, da ja nur angeborene Ideen auf Wahrheit Anspruch machen können, auch als angeborene erscheinen.

Daher mag es gekommen sein, dass Descartes in jener oben (III, 5) erwähnten Zusammenstellung der angeborenen Ideen den Begriff Gottes wegliess und mit dem Begriff der Verbindung von Seele und Körper schloss.

Wenn es aber keine klare und deutliche Erkenntniss ausser uns befindlicher Dinge giebt, existirt dann überhaupt Nichts ausser uns? Und wenn es doch Etwas ausser uns geben sollte, in welchem Verhältniss stehen die Dinge ausser uns zu unserer Erkenntniss? Diese Fragen dürfen nicht umgangen werden; denn abgesehen davon, dass sie bei einer Lösung des Erkenntnissproblems nothwendig berücksichtigt werden müssen: auch die angeborenen Ideen treten erst dann in das rechte Licht, wenn sie in Vergleich gezogen werden mit den übrigen Ideen unseres Geistes.

Descartes bleibt bei seiner Vielseitigkeit auch hier uns die Antwort nicht schuldig. Nehmen wir an, wir besässen eine Kenntniss von ausser uns befindlichen Dingen; dann könnte uns diese Kenntniss, da ein künstlicher Vermittler fehlt, doch nur durch die Sinne zugeführt sein. „Welcher Art aber ist das durch die Sinne Dargebotene?

Wer richtig darauf geachtet hat, wie weit sich unsere Sinne erstrecken, oder was das eigentlich sei, was von jenen zu unserer Denkfähigkeit gelangen könne, der muss bekennen, dass uns durch die Sinne Ideen, wie wir sie im Denken bilden, niemals zugeführt werden. Daher befindet sich unter diesen Ideen keine, die dem Geiste oder der Fähigkeit zu denken nicht angeboren wäre. Eine alleinige Ausnahme möchten diejenigen Eigenschaften bilden, welche sich auf Erfahrung beziehen. Denn jedenfalls sind wir der Meinung, dass diese oder jene Ideen, die jetzt gegenwärtig vor unsrem Bewusstsein liegen, auf gewisse, ausser uns liegende Dinge sich beziehen, nicht als ob diese Dinge durch die Organe der Sinne unsrem Geiste jene Vorstellungen zugeführt hätten, sondern weil sie uns doch Etwas zugeführt haben, was unsrem Geiste Gelegenheit gab, vermittelst der ihm angeborenen Fähigkeit, in dieser Zeit mehr als in einer anderen jene herauszubilden (efformare)" *). Darnach besteht also die Ansicht Descartes' darin, dass allerdings von den Dingen ausser uns ein Anstoss ausgeht; aber die Ideen, welche bei dieser Gelegenheit vor unser Bewusstsein treten, sind nicht durch den Anstoss selbst in dies Bewusstsein hineingebracht worden, sondern dieser Anstoss hat vielmehr unsren Geist nur angeregt, bei dieser Gelegenheit jene Ideen zu bilden.

Worin besteht aber dieser Anstoss? Was bieten uns eigentlich die Sinne darüber dar? Das Gesicht bietet aus eigner Kraft unsrem Geiste nichts als Bilder, das Gehör nur Töne; daraus ist schon ersichtlich, dass dasjenige, was wir bei jenen Bildern oder Tönen denken, gleichsam als deren Bezeichnung, nicht von den Sinnen, sondern vielmehr von unsrer Denkfähigkeit herkommt **).

Worin aber bestehen jene Bilder und Töne? Wir leiten sie her aus gewissen körperlichen Bewegungen.

---
*) Epist. P. I, 99. S 326.
**) Ebendas. S. 327.

„Nun werden aber nicht einmal die Bewegungen selbst oder die Figuren, die aus ihnen entspringen, in der Beschaffenheit aufgenommen, wie sie in den Organen der Sinne sich uns darbieten; daraus folgt, dass selbst **die Ideen der Bewegungen und Figuren uns angeboren sind. In diesem Falle aber müssen erst recht jene anderen Ideen uns angeboren sein, die nicht einmal eine Aehnlichkeit haben mit körperlichen Bewegungen, nämlich die Ideen des Schmerzes, der Farben, der Töne u. s. w.**" *).

Wir haben diese Consequenzen ausgeführt, wie sie Descartes selbst ausspricht. Sehen wir jetzt zu, wie dieselben aus seinen Erkenntnissprincipien hervorgehen und welchen Einfluss dieselben üben auf die Lehre von den angeborenen Ideen. Während Descartes sonst die aus dem Denken hervorgegangenen Vorstellungen denjenigen gegenüberstellt, welche uns durch die Sinne zugeführt werden und jene als angeborene, diese als erworbene hinstellt, bezeichnet er hier auch die sinnlichen Vorstellungen als angeboren im Gegensatz zu dem sinnlichen Eindruck, der selbst nicht Vorstellung ist, sondern nur Vorstellungen veranlasst. Wie lässt sich diese letztere Betrachtungsweise aus seinen ersten Erkenntnissen ableiten?

Die erste Erkenntniss bot der Satz „ich denke, also bin ich." Dieses Denken umfasste jede Thätigkeit unsres Geistes, sofern sie mit Bewusstsein vor sich ging. So gut wir sagten „ich bin mir bewusst nachzudenken" konnten wir auch sagen „ich bin mir bewusst wahrzunehmen". Nun setzte aber jede Thätigkeit unseres Geistes einen Gegenstand voraus, mit dem sie sich beschäftigt; denn, wenn ich nachdenke, muss ich über Etwas nachdenken und wenn ich wahrnehme, muss ich Etwas wahrnehmen. Wenn ich daher sagte, „ich bin mir bewusst wahrzunehmen" und

---

*) Epist. P. 1, 99. S. 326.

wenn diese Wahrnehmung wenigstens insofern existirte, als sie in unsrem Bewusstsein existirte, so muss auch der Gegenstand existiren, den ich wahrzunehmen mir bewusst bin, mag derselbe auch nirgends anderswo als in meinem Bewusstsein existiren.

Somit werden alle Vorstellungen schon von vornherein in der Form aufgefasst, in welcher sie in uns, d. h. in unsrem Bewusstsein sich vorfinden. In diese Form gehüllt werden sie geprüft, in wie weit sie wirkliche Gegenstände darstellen. Soll aber eine Vorstellung einen wirklichen Gegenstand darstellen, so muss sie in sich selbst so gewiss und von uns so unabhängig sein, dass der in ihr enthaltene Gegenstand selbstständig neben den zuerst gefundenen, das Ich, treten kann. Zu diesem Behufe schält Descartes von unsren Vorstellungen Alles ab, was von den Sinnen oder von der Willkür unsres Denkens irgendwie abhängig erscheint, bis ihm endlich der nackte Kern übrig bleibt, von dem nichts weiter losgelöst werden kann. Die bei diesem Process übrig gebliebenen Begriffe stellen wirkliche Gegenstände dar, die, wenn sie gleich nur in uns existiren, doch selbstständig neben den ersten Gegenstand, das Ich, treten. Diese Begriffe besitzen eine gesetzmässig bestimmte, ursprüngliche Natur; dadurch sind sie von aller Erfahrung unabhängig. Sie werden durch reines Denken erfasst, desshalb sind sie dem Denken angeboren.

Damit ist allerdings die Frage, inwieweit unsre Vorstellungen einen wirklichen Gegenstand bezeichnen, entschieden; die Frage aber, woher denn unsere Vorstellungen stammen, ist nur zum Theil gelöst. Wir haben erkannt, dass gewisse Begriffe ihren Ursprung in unserem Denken haben, aber ausser diesen finden sich noch unzählige Vorstellungen in unsrem Bewusstsein, z. B. die, welche den Gegenstand unsres wahrnehmenden Bewusstseins bilden. Woher kommen diese? Jene Begriffe stellen Dinge dar, die in Bezug auf ihre Natur selbstständig und unabhängig von uns und unsrem Geistesvermögen erscheinen; diese dagegen besitzen keine selbstständige, unveränderliche Natur und erscheinen um so abhängiger von uns und unsren Geistesvermögen. Leiten vielleicht eben diese Geistesvermögen jene Vorstellungen in uns hinein? Diese Vorstellungen drängen sich uns derart auf, dass wir jederzeit ihre Ursache ausser uns zu suchen gewohnt sind. Nun gehören aber doch diese Vorstellungen als Vorstellungen zu unsrem Denken und es lässt sich schlechterdings nicht nachweisen, wie eine Vorstellung schon als Vorstellung in uns hinein kommen könne. Ihr Ursprung liesse sich also nur derart erklären, dass wir sie unter dem Einflusse eines äusseren Anstosses bilden. Welcher Art ist aber dieser Anstoss? Alles, was über denselben klar und deutlich erkannt werden könnte, muss eben, weil es klar und deutlich erkannt ist, als angeborener Begriff erscheinen. Wir können daher immer einen solchen Anstoss annehmen, müssen ihn aber für unerkennbar erklären. Somit giebt es auch nicht die geringste Kenntniss ausser uns befindlicher Dinge. Alle Vorstellungen, die wir auf einen äusseren Anlass hin bilden, kommen als Vorstellungen aus unsrem Innern her, und da jene Vorstellungen durch sich selbst auch gegen unsren Willen sich aufzwingen, so kann ihre Ursache nicht in diesem Willen liegen, daher sind sie angeboren, d. h. dem Keime nach in unsrem Denken enthalten.

Soweit gehen die Folgerungen Descartes'. Der Einfluss, den dieselben auf die ganze Lehre von den angeborenen Ideen üben müssen, scheint ihm nicht weiter zum Bewusstsein gekommen zu sein. Wir haben noch nach diesem Einfluss zu fragen, um mit dem Einfluss dieser letzten Consequenz unsre Darstellung zu schliessen.

Descartes beginnt damit, die Existenz der Dinge ausser uns zu bezweifeln und endigt damit — nach dieser letzten Ausführung — die Erkennbarkeit derselben zu verneinen. Der erste Gegenstand, dessen Existenz er erkennt, ist das eigene Ich, und alle Gegenstände, deren Vorstellungen sich in uns vorfinden, existiren doch nur in diesem Ich, d. h. in unsrem Bewusstsein. Diese Vorstellungen aber liegen schon alle dem Keime nach in uns, d. h. sie sind angeboren, und alle Erfahrung wird darin bestehen, dass diese angeborenen Ideen an's Licht gebracht werden. Dann aber ist der vor aller Erfahrung in uns enthaltene Keim die eigentliche Ursache ihrer Bildung; ein unerkennbarer, äusserer Anstoss aber höchstens die zweite, nebensächliche Ursache. Von diesen angeborenen Vorstellungen aber besitzen die einen eine unveränderliche und ewige Natur; die anderen dagegen sind veränderlich, verworren und von unsrem Geistesvermögen beeinflusst. Wie lassen sich beide, so grundverschieden, zugleich als angeboren betrachten?

Dass eine Vorstellung uns angeboren sei, soll soviel sagen, als dass unser Geist die Fähigkeit oder Anlage zur Bildung dieser Vorstellung in sich trage. Eine Anlage oder Fähigkeit aber muss, damit sie als solche gelten könne, schon ehe sie zur Entwicklung kommt, in gewisser Weise gesetzmässig bestimmt sein, damit aus ihr gerade diese und nicht etwa eine andere Vorstellung hervorgehen könne. Diese gesetzmässige Bestimmtheit weist Descartes bei einer Art Ideen nach und desshalb kann er diese angeboren nennen; dagegen bezeichnet er auf der anderen Seite wieder Ideen als angeboren, bei denen er diese gewisse, unabhängige Natur vorher nicht nur nicht erwiesen, sondern sogar bestritten hat. Dieser Widerspruch kann gelöst werden entweder dadurch, dass man alle gesetzmässige Bestimmtheit überhaupt leugnet; in diesem Falle kann es überhaupt keine angeborenen Ideen geben und davon ist Descartes weit entfernt; oder aber es giebt eine solche Bestimmtheit; aber dann muss sie auch allen angeborenen Ideen eigenthümlich sein und da zuletzt alle Ideen angeboren sind, so muss diese gesetzmässige Bestimmtheit, die vor aller Erfahrung schon in uns gegeben ist, auch an jeder einzelnen Vorstellung zu finden sein.

Dass Descartes für den einen Theil unserer Vorstellungen eine gewisse, vor aller Erfahrung gegebene Anlage behauptet, ohne doch deren innere Bestimmtheit anzuerkennen, dies mag durch den mehr divinatorischen Charakter erklärt werden, den diese letzten Ausführungen an sich tragen. Dass er aber an einem anderen Theile unserer Vorstellungen diese vor aller Erfahrung gegebene gesetzmässige Bestimmtheit nachweist, darin liegt mehr als Divinatorisches. Und wollten wir Descartes auch nur als einen Propheten der kritischen Philosophie gelten lassen, so müssten wir doch gestehen: er war ein Prophet, der, wenn nicht der Zeit, so doch dem Geiste nach seinem Meister unmittelbar voranging.

www.ingramcontent.com/pod-product-compliance
Lightning Source LLC
Chambersburg PA
CBHW020303090426
42735CB00009B/1207